英語教育
21
世紀叢書

「英語で授業」ここがポイント

齋藤栄二——著

大修館書店

まえがきにかえて
——先生方に贈ることば——

なぜ英語の授業を英語で進めなければならないのか。英語で進めるやり方の対極として考えられる英文和訳方式，そして英文法日本語説明方式では，生徒や学生に，今の時代に要求される英語の力をつけていくことが難しいからである。英文和訳方式も英文法日本語説明方式も，日本の英語教育において，歴史的に一定の役割を果たしてきたことは事実である。

しかし今，世界は大きな知的社会基盤の発展の中にあって，古い衣服にさよならをして，新しい衣服に着替える時にとっくに来ているのである。私が高校生の頃は英語の授業といえば，英文和訳，そして日本語による英文法説明方式が典型的であった。その後，私自身が英語の教師になってからも，多かれ少なかれその方式を踏襲していた。今，私のあの頃の授業を録音していたとしたら，授業中に流れていたのはほとんど日本語であろう。日本語が大部分流れていたあの頃の授業では，生徒の英語のリスニングの力やスピーキングの力が伸びるのを期待することはできない。

昔，聞いたか読んだかした話に次のような言葉があった。「社会を急速に変革したかったら，政治家になれ，長期にわたって改革したかったら教師になれ」。私は現在，英語教師を目指している学生諸君の英語の授業を担当している。この学生諸君を育てることこそが次の時代の日本人の育成にあたる。今や日本は教育において（特に小学校英語教育において）アジア諸国の中で大きな遅れをとっているのは事実である。それと軌を一にするように，経済の面でも日本の地位は下がり続けている。私は時々「これで私たちの責任は果たせるのか」と自問自答する。大地震，大津波を経験して，私は日本社会の中に「絆（きずな）」という意識が高まってきたのを感じる。

私の家族も家内の親戚一同も福島で苦難に直面してきた。家内の家族はほとんどが自分の家に帰れず，未だに仮設住宅住まいである。同じ思いをしている人たちは数えきれない。

そういった中で，私たちも何かできるのではないか。いや，しなければならないのではないか。そう考えて私がたどり着いた結論は「私たちは英語の教師だ」ということである。そう，私たちは英語の教師なのである。ならば英語の教育を通して，次の世代の育成に果たせる役割があるのではないか。私の発想は突飛かもしれないが，私にできることは今それしかない。そういうことを心のどこかに置きつつ，本書の執筆にとりかかった。

その時考えていたのは，今現在の英語の先生方が望んでおられるのは「どうやって英語で英語の授業を進めたら良いのか」という具体論ではないか。であれば，それに的を絞って書いていこう。さらには，「英文和訳と文法説明なしでどうして入試に合格できるのか」という強い信念を心の底に抱いておられる先生方もおられる。それ以上に「英語で英語を教えなければならないのはわかった。しかしどうやるのか？」とその方法に戸惑っておられる良心的な先生方もたくさんおられるのではないか。それもこの本の中に書いていこう。こんなことを考えていた。

そうしてこの本は，「英語で行う英語の授業への道筋を知りたい」という先生方に寄り沿いつつ，そういった先生方を元気づけることができるような本になったのではないかと自負している。

日々の地道な授業実践の中で，私たちは次の世代を育てているのだ。そして教師の持つ願いや思いの中で，私たちの生徒や学生は育っていくのだ。そこで育った人間が国や世界を支えていくのは，いつの時代にでも求められる教育の営みである。

今の時代の教育の中で私たちの責任を果たしていこうではないか。英語教師の皆さん，また広い意味で英語教育に携わっておられる皆さんに「一緒にがんばろう」というエールを贈りたい。

英語で英語の授業を進める方法についてはすでに色々な本が出されている。できればそういう本も参考にしていただきたい。ただ，そういった中で敢えて本書を出そうとしたのは「誰にでもできる」という方法の提案に徹しようとしたためである。従来，英文和訳でやってきた先生方でも新卒の先生方でも，これならできるという方法の提案である。そういう意味では，はっきり言って「英語で授業」の入門編である。しかし多少とも中級や上級編に手を付けたいという心を持って本書の執筆に臨んだ。

皆さん，一緒にがんばりましょう。

2015年　吉日

齋藤榮二

『「英語で授業」ここがポイント』目次

第4章 中上級編：これからの英語教育の考え方と方向性 31

第5章 上級編：新しい時代の英語の教え方をめざして一歩踏み出そう 43

第II部　「英語で授業」を支える基礎・土台

第1章 新出単語の指導：英語の基礎は単語の定着から 89

第2章 指名論：効果の上がる指名の仕方 121

第3章 質問のできる生徒をつくりたい：コミュニケーションのできる生徒をめざして 131

「英語で授業」ここがポイント

第Ｉ部

英語で授業をはじめよう

1 今なぜ英語による英語の授業か
——訳読方式と英語による英語の授業方式を比較する

1 訳読方式の英語授業

「今，なぜ英語による英語の授業か」を考えるにあたって，それと相対する訳読方式の英語の授業について考えてみなければなりません。訳読方式の英語の授業は，およそ次のように図示できます。

英語の授業方式

—訳読方式のイメージ—

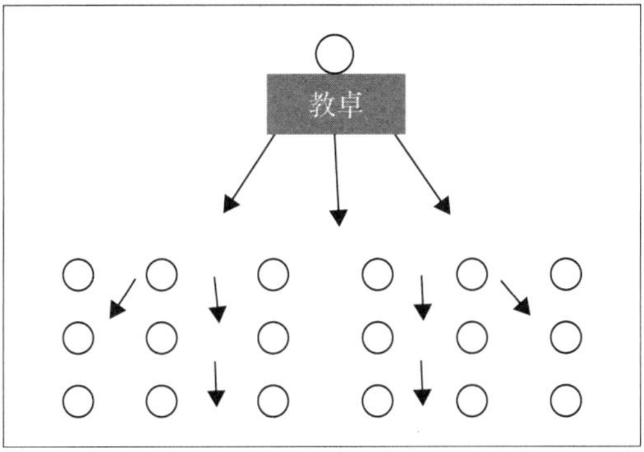

—訳読方式—

- ほぼ教師から生徒への，一方通行の授業となる。
- したがって，生徒の授業への積極的な取り組み度は低い。
- 流れている言語は，教師からの日本語が圧倒的に多い。大部分が日本語の流れる教室で，どうして「英語」のリスニングやスピーキングの力が伸びるであろうか。
- 時間がかかり過ぎる。他の有効な活動にとれる時間をなくしてしまう。
- 英語による生徒同士のやりとりがない。英語による interaction, communication の時間を奪っている。

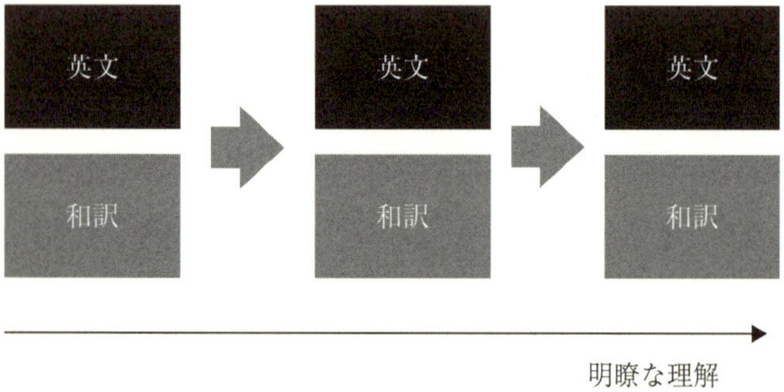

訳読方式は上に示したように英文のあとに必ず和訳がついてまわります。日本語を使うことによって導入された英文を明瞭に理解することができます。それが上の図の「明瞭な理解」の意味です。しかし，これが落とし穴なのです。このやり方で，今まで何十年間にもわたって日本語に訳さないと英文の意味がわからないという何十万，何百万人の生徒を育ててきたのです。その結果，英語でやりとりをするコミュニケーションに参加できない大量の人間を育てた，いや，育てつつあるのです。これからは，この図式をぜひ脱したいものです。

2 新しいことばを学ぶとはどういうことか

新しいことばを学ぶとは—

・新しいことばは誰にとっても，最初は常に濃霧の彼方にある。それが，学ぶにつれて次第に霧が薄れてくる。そのようにして，次第に明瞭になっていくのがことばを学ぶプロセスである。それを多くの教師は忘れていないか。
・それは結局「英語を英語で学ぶことによって」達成されるであろう。

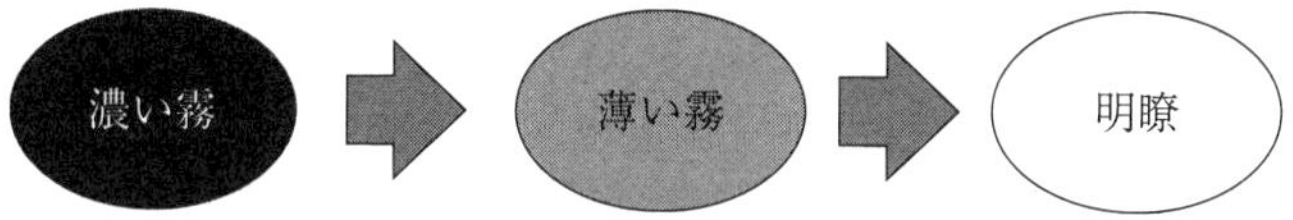

このプロセスにチャレンジする「がまん強さ」を生徒に体験させること，それが英語による英語への理解力を備えた人間の育成の一歩につながっていくのです。

例えば，ネイティブが素早く “I haven't seen you for a long time.” と，発音したとします。最初はよく摑めません。2回目にはだいたいわかってきます。何回も繰り返して聞くと，思わぬときに背後から言われても即座にわかるようになります。しかし，これをいちいち和訳していては，何回聞いてもわかるようにはなりません。和訳するとはつまり，「英語」と「日本語」という2つの言語の間を行ったり来たりしなければならないということで，それだけ時間がかかるのです。一瞬で終わってしまうようなネイティブの発話に即座に対応するためには，時間をかけてはいられません。

訳読方式の授業をするということは，いちいち和訳をする生徒を育てていることにほかなりません。常に，「英語」を「日本語」に直してみないと，「英語」を理解できない生徒（＝乗り遅れ症候群）を作ることになるのです。

「乗り遅れ症候群」とは友人の千田潤一氏から聞いた話です。アメリカ人のグループの中に日本人が１人いるとします。そうするとどういうことが起こるか。アメリカ人が何か英語で話します。日本人はそれを頭の中で和訳します。「ああそうか，そういうことを言っているのか」と理解した後，それに対する自分の意見もやはり日本語で考えます。それを大至急英語に直して話そうとすると，話題はとっくに先に進んでいて会話の流れに乗り切れません。それを「乗り遅れ症候群」と名づけたわけです。結局，和訳をしていては英語でのコミュニケーションに参加できないということなのです。

さて，ここまでのところで私は，訳読方式についてそれがいかに非能率的なことであるかを，教えることの原理面から述べてきました。ここで，もう少し広い視点からポイントをまとめてみましょう。

★ここがポイント

1.　英語教育の目標は，英語を４技能のコミュニケーションのツールとして使える人間の育成にあります。使える英語の力を育てるには，従来の英文和訳方式，日本語による文法説明方式では非効率的であるのは明らかです。
2.　英文和訳方式，文法説明方式は中学から始まった英語の授業で多くの英語嫌いを作ってきました。これは即刻改めなくてはなりません。
3.　旧来の訳読方式，文法説明方式では，未来を担う日本の若者たちが世界で活躍していくための英語の力を十分に伸ばすことができません。そこから脱却することこそが，世界を舞台にする若者を育てていくための第一歩となるのです。

文部科学省が「英語で行う英語の授業」に舵を切っても，現場の先生方の中には「入試のため」ということで，和訳方式，文法説明方式を「金科玉条」として20年，30年と大事にしている方もいらっしゃいます。そういう先生方も含めて「役に立たない英語の授業から役に立つ英語の授業に向けてがんばりませんか」と呼びかけたいのです。

何も明日から授業をすべて英語にしなくてもよいのです。できるところから少しずつがんばっていきましょう。「英語で授業」は誰にでもできるのです。

2 初級編
——英語による英語の授業の基本的な方向のまとめ

1 はじめに

英語で進める英語の授業方式の具体的なやり方はどうするか。もう一度確認しましょう。私の勧める英語の授業方式は，内容理解のために教師がやさしい英語で質問し，生徒がその質問に英語で答えるところからスタートします。

［初級編］

英問英答で内容理解を成し遂げよう

1. 最初はやさしい教師の質問を Do questions から始める。

↓

2. 生徒は英語で教師の質問に答える。

では次に示す高校の教科書の１ページを例にあげて説明を続けましょう。ひとまず先生方もこのページを声に出して読んでみませんか。

この教科書をとりあげたのは，高校の教科書としては難易度の高い方でも，易しすぎる方でもない中間に位置する教科書と見なしたからです。よって，ここで示す方法を使って，もっと易しい

Shoes for a Dream

Section 2

キベラの子どもたちにとって、靴はどのようなものなのでしょうか。

Before Takahashi came to Kenya, she looked forward to the children's smiles. In fact, the story was not so simple.

In Kibera, some children run around in bare feet. Because of this, they often get infections through cuts on their feet. They sometimes even suffer from serious diseases. Takahashi realized that children really needed shoes.

Takahashi said, "In Japan, we buy new shoes when our old ones don't fit us. I never questioned this before. For me, shoes were a tool for victory, but for children in Kibera, shoes are 'life'. Thanks to shoes, the children protect themselves and save their lives."

bare [béər]

infection(s) [infékʃn(z)]

suffer [sʌ́fər]

serious [síəriəs]

disease(s) [dizí:z(iz)]

realize(d) [rí:əlàiz(d)]

fit [fít]

tool [tú:l]

victory [víktəri]

themselves [ðəmsélvz]

ナイロビ市内の小学校

Q&A

1. Do all children in Kibera run around in bare feet?
2. What did Takahashi realize?
3. What are shoes for children in Kibera?

1-2 **look forward to ～** ～を楽しみにして待つ　2 **in fact** 実際には　4 **in bare feet** はだしで
5 **because of ～** ～のために　They were late *because of* an accident.　5 **get infections** 感染症にかかる　6 **cut** 切り傷　6 **suffer from ～** ～に苦しむ　I *suffered from* a bad cold.
12 **thanks to ～** ～のおかげで　*Thanks to* my friends, I enjoy my school life.

24

MY WAY English Communication I（三省堂）

写真：©スマイルアフリカプロジェクト／photo 鈴木勝

教科書の場合でも，さらに難易度の高い教科書の場合でも，やり方の原則さえわかれば応用可能と考えたからです。

なお，この課はシドニーオリンピックのマラソンのゴールドメダリスト高橋尚子さんがなさってきたボランティア活動の実話です。日本の中学生や高校生にも知ってほしい心温まるお話ですね。

2 Do 質問

では始めましょう。まず，英文を和訳するかわりに英問英答を通して内容理解に近づく方法です。

（例１） Do 質問

英問英答を繰り返す（初級編）
—教師が問う→生徒が答える—

教師：（黒板に例えば次の文を大きく書く）

> Before Takahashi came to Kenya,
> she looked forward to the children's smiles.

① ２，３度黒板の文を学生に chorus reading させる。
② 教師質問
Did Takahashi look forward to the children's smiles in Kenya?
③ 生徒の予想される答え
Yes, she did. She looked forward to the children's smiles.

いかがでしょうか。簡単だとは思いませんか。英語の教員免許を持っている教師ならこの程度の質問文を作るのはなんでもないことです。やることと言えば，黒板に英語の文を書くだけです。つまり教師は忙しいですが，**準備に時間がかからない**ということと，**誰でもやれる**という2つの利点を持っています。生徒はYes, Noで答えるための内容理解に集中するのが仕事です。英文を英語で理解する作業にすでに入っています。

：書かれた文の中に新出単語があっては，このやりとりはうまくいかないと思いますが。

：その通りです。うまくいきません。新出単語の導入の方法は，第II部でflash cardの導入方式から単語の自学自習へのリスト表方式も含めて書きました。今すぐにでもそちらを読んでいただければと思います。

：何か気をつけなければならない点はありますか？

：あります。生徒の答えのところを見てください。Yes, she did. だけでも答えになりますね。しかし，できたらその後Takahashi looked forward to the children's smiles. と最後までリピートさせてほしい。Yes / Noだけで答えた生徒の1年間の英語の実力とTakahashi looked forward to the children's smiles. と最後までリピートを続けていた生徒たちとの実力差はかなり違ってくるんですよ。私は「できれば」と言いましたが，「必ず」という位の気持ちでやってほしい。合言葉は「capital letterからピリオドまで」です。今は生徒の英語の力を伸ばすことは至上命令です。その成功への道は細部の実践への配慮にかかっています。がんばりましょう。

：まだ何か注意をした方がよいことがあったら教えてください。

：君，本気ですね。質問が出るというのは本気である証拠ですから。そこで1つ。英語の文について質問に答えてもらう生徒ですが，必ず教師の方で指名しなければな

りません。「どういうタイミングでクラスの誰に指名するのか」という問題です。これも生徒に力をつけることと深くかかわってきます。私なりの指名論については，第II部で具体的に扱っていますので，そこで生徒に力をつけさせる指名の方法を学んでください。それではもう１つだけ単純質問の例を出してからその先に進みましょう。私が単純質問と言うのはDo～で始まる質問です。この質問には必ずYesかNoだけで答えられます。

（例２） Do質問のまとめ

英問英答を繰り返す（初級編）
―教師が問う→生徒が答える―

教師：（黒板に次の文を書く）

In Kibera, some children run around in bare feet.

① ２，３度黒板の文をchorus reading。
② 教師質問
Do some children run around in bare feet in Kibera?
③ 生徒の答え
Yes, they do. Some children run around in bare feet in Kibera.

3 Wh-質問

もうやり方はわかっていただけたかと思います。そこで当然レベルアップしていきます。次はWh-質問になります。（例３）に行きましょう。

（例３）　Wh-質問→What

英問英答を繰り返す（初級編）
―教師が問う→生徒が答える―

教師：（黒板に次の文を書く）

Takahashi realized that children really needed shoes.

① ２，３度黒板の文を chorus reading。
② 教師質問
What did Takahashi realize?
③ 生徒の答え
She realized that children really needed shoes.

Wh-質問は what だけではありません。Why でもやってみましょう（次ページ参照）。

これまで，質問者からの質問を受ける形で，質問と私の考えを繰り返してきました。そのことをもっと次のページから本格化しましょう。その方が読んでいただく皆さんにもわかりやすいでしょうから。

：それはありがたいです。それでは早速質問ですが，生徒への質問の仕方は「Yes / No で答えられる単純疑問文」から「Wh-質問」に入って，「what-疑問文，why-疑問文」へと進んできました。このような形で when-疑問文や where-疑問文と続けていくと考えてよいわけですね。

（例４） Wh- 質問→ Why

英問英答を繰り返す（初級編）
―教師が問う→生徒が答える―

教師：（黒板に次の文を書く）

Thanks to shoes, the children protect themselves and save their lives.

① 2，3度黒板の文を chorus reading。

② 教師質問

Why are shoes so important?

③ 生徒の答え

Because thanks to shoes, the children protect themselves and save their lives.

：その通りです。実は why questions では what questions や where questions や when questions に答えるより少しだけ頭を使います。だからここではやさしい方の where questions や when questions の例はあえて示しませんでした。難易度のランクは以下に示します。

(やさしい質問の例→ Do で始まる疑問文の例)

⇩

(ややレベルをあげる質問の例→ wh で始まる疑問文の例)

4 まとめ
——1文対象の英問英答による英文の理解

1. ここでの導入で日本語は使いません。教科書の学習予定ページからある1文を取り上げ，黒板に書く。その英文の内容について，教師から英語で質問し，生徒に英語で答えさせることによって，その1文についての理解を，英語を通して進める。
2. 英問英答に選ぶ文は，新出単語を含んでいる文から選んだほうが良いでしょう。英問英答をやりながら，合わせて新出単語の習得をさせるためです。
3. 確認ですが，この指導は，教師としてはほとんど準備の時間は取られません。どの文を対象に質問するか前もって見当さえつけておけば，その文についての質問文を作ることは，前にも強調した通りやさしいですよ。私としては「スタートはやさしく始めよう！」という気持ちです。しかし少しずつレベルをあげて Yes / No で答えられるようになったら，wh-questions に持っていきましょう。Wh-questions については例で示した通りです。

   ここまでは「誰にもできる」やり方です。まだ「英語で進める英語の指導」をやったことのない先生方には，ここまでのやり方を授業の中心として行い，教師，生徒ともに慣れてほしいと思います。

★ここがポイント

1. 気がつかれたと思いますが，英語の文を和訳していくという英語の活動はありません。
2. 基本的には英語で内容を理解させる方向を目指しています。(新学習指導要領「英語で授業」の方向です。)
3. どうしても和訳をしなければならない時があります。それは教科書の英文が生徒の力に比べてはるかに難しい時です。しかしそれは先生方の教科書選択が失敗したことも意味します。何事も step by step です。

4. 私は長い間教える立場に立ってきて，教えるというのは教師自身が自分を変えていくことだと思うようになりました。自分が変わらないで，生徒が変わるはずはありません。
5. 新しい時代の英語の教え方に一歩踏み出す時は，とっくに来ています。一緒に目の前の生徒のためにがんばりませんか。同じことを何回も言いますが，私が強調したいのはここなのです。

---

3 中級編
——さらに一歩レベルアップをはかろう

1 はじめに

中級編では，今まで黒板に書いた１文ずつから学んでいたところからレベルをあげて，複数の文を対象とします。したがって生徒の目線も，黒板に書かれていた１文１文から，数文へと広がります。

：え？　１文から数文へと対象を広げるのですか。これはたいへんだ。

：そうでもありません。今まではいわば「助走」です。助走ができるようになったら，今度は「グラウンドで走らせる」。これは自然なことではありませんか。教師がコーチなら，その位の根性は持とうよ！　つまり，授業に長期の計画を持つ必要があるということです。少しずつ，少しずつ，生徒をたくましい走者にレベルアップしていくのですよ。

：「助走からグラウンドで走らせるように」というたとえはたしかにわかりやすいですね。それで，中級編では何か準備が必要でしょうか。

：いいところに気がつきましたね。準備は必要です。

まず，1ページを数文ずつのグループに分けること。そして広がった範囲に当然出てくる新出単語対策です。それから音読です。

：では，それらの対策はどうすればよいのでしょうか。

2　1ページの文章を分割する

1ページの文章を分割する方法を見ていきましょう。具体的には，次の教材を使用して例を示していきます。

(1) Before Takahashi came to Kenya, she looked forward to the children's smiles. In fact, the story was not so simple.

(2) In Kibera, some children run around in bare feet. Because of this, they often get infections through cuts on their feet.

(3) They sometimes even suffer from serious diseases. Takahashi realized that children really needed shoes.

(4) Takahashi said, "In Japan, we buy new shoes when our old ones don't fit us. I never questioned this before.

(5) For me, shoes were a tool for victory, but for children in Kibera, shoes are 'life.' Thanks to shoes, the children

protect themselves and save their lives."

MY WAY English Communication I（三省堂）

1ページの文章を分割するにはどうするか？

・分割の仕方

① それぞれの分割されたグループの英文の数は2～3でよい。その方が生徒にとって取りつきやすい。

② ポイントは，質問をした場合，分割された文章の中に質問に対する答えが入っていなければならない。そうでないと英問英答は成り立たない。

③ したがって，それぞれの質問文も，最初は教師の方で考えていく方がよいと思う。

まず，分割したグループそれぞれの英文に質問文を用意します。

(1) 質問の文とその下の□の文は黒板に書いておく。これが英問英答の土台である。

(2) 生徒はその答えを教科書を静かに読みつつ探す。

(3) ひとまず生徒に時間を与えて「予想される答え」を自分で考えさせて，それをノートに書かせる。

(4) その上で教師と指名された生徒で英問英答のやりとりをする。

○教師が問う→生徒が答える（予想される答えは最初は空白にしておき，生徒に考えさせます)。

(1)（質問）What did Takahashi look forward before she came to Kenya?

Before Takahashi came to Kenya, she looked forward to

the children's smiles. In fact, the story was not so simple.

(予想される答え)

Wh- 質問は what だけではありません。Why の質問文でもやってみましょう。

(2) (質問) Why do some children get infections?

In Kibera, some children run around in bare feet. Because of this, they often get infections through cuts on their feet.

(予想される答え)

(3) (質問) Why do children need shoes?

They sometimes even suffer from serious diseases. Takahashi realized that children really needed shoes.

(予想される答え)

次は予測される答えを入れた例を示します。

(1) (質問) What did Takahashi look forward before she came to Kenya?

Before Takahashi came to Kenya, she looked forward to the children's smiles. In fact, the story was not so simple.

(予想される答え)

(She looked forward to the children's smiles.)

(2) （質問）Why do some children get infections?

> In Kibera, some children run around in bare feet. Because of this, they often get infections through cuts on their feet.

（予想される答え）

（Because they often get infections through cuts on their feet.）

(3) （質問）Why do children need shoes?

> They sometimes even suffer from serious diseases. Takahashi realized that children really needed shoes.

（予想される答え）

（Because they sometimes even suffer from serious diseases.）

最初生徒が慣れるまでは，教師が「予想される答え」を生徒と一緒に黒板に書いてみる，そして一緒に声に出して読んでみる，というようにすると，生徒はスムーズについていきやすいです。

3 複数文の英問英答へ

複数の文についての英問英答は，先生方が考えるほどむずかしくはありません。ただ，むずかしくないと言うのは，生徒がこのやり方に慣れてきた時の話です。そこに行く前の段階で次のステップは踏まなくてはなりません。

1.　複数の文を対象として答えを考える。
2.　今までは教師と生徒のやりとりは音声を通じてであった。このレベルでは質問に対する答えを自分で考えて書く。それを土台として自ら音声で答えるという活動を入れていく。
3.　いろいろな英語的活動を生徒に体験させることによって「英語的スタミナ」を育てていく。「英語的スタミナ」という表現は耳慣れないかもしれないが，実力のあるしっかりとした生徒を育てるためには，経験させなければならない大事ステップだと私は考えている。

最後にこのやりとりを生徒同士のペアでさせるように任せてみてはどうでしょうか。生徒全体は教師と指名された生徒とのやりとりを見ているので決して無理な要求ではありませんが，生徒の力のレベルによってはここまで無理押ししなくともよいでしょう。生徒の力を伸ばすための一歩上級の方向として，頭に置いていただければと思います。生徒同士の活動が入れば，授業が活性化することまちがいなしです。

ここまで説明だけ読んでいるとかなり複雑に見えますが，具体的に対話としてやってみて下さい。それほどむずかしいことでもないことがわかるでしょう。

新しいことばを学ぶとは，どういうことか

・いくつかの英語の文のまとまりについての英語の質問に生徒が英語で答えようとする。その努力を積み重ねていく。その努力を紡いでいく。生徒は，結局は英語による英語での内容理解という到

達点に達することになる。
・なぜこういう教え方をするのか，その理由を生徒に語りかける必要がある。それも良い授業をするための教師の大切な仕事である。封建時代ではないのだから「寄らむべし，知らしむべからず」ではいけない。教師と生徒は共同して授業を創っていくのである。

1文から複数文の
英問英答への手順（中級編）

(1) 教科書から1文だけを取り上げて黒板に書き，その文について教師の質問に生徒が答えるかたちで音声での英問英答をする。このようにして教科書より，順次1文ずつ選び，生徒に音声での英問英答に馴れさせる。これにより，英問英答での理解をはかる。(初級編)

⇩

(2) 教科書から選び出す文を，複数の文にする。それらの文を黒板に書き，質問を1つ与える。生徒は鉛筆を持ってその答えを書く。

⇩

(3) (2)の内容として書いた質問と答えのやりとりを，教師と指名した生徒の間の質疑応答として音声で行う。

⇩

(4) 以上のやりとりを教師の選んだ複数の文を対象として，次々とやらせる。

4 生徒同士の活動へとつなげる

ここまでは，音声のやりとりは教師対生徒1人でした。つまり，生徒全体は教師と生徒1人の音声のやりとりを聞いている状態です。ここからその質疑応答を教室全体の生徒をペアとして行わせます。このプロセスを通して英文を英語で理解させることを一層押し進めます。

生徒同士の活動をさせたい理由は何でしょうか。その前に，それと対極にある訳読方式について考えてみましょう。訳読方式は前にも示したように次の図のイメージです。

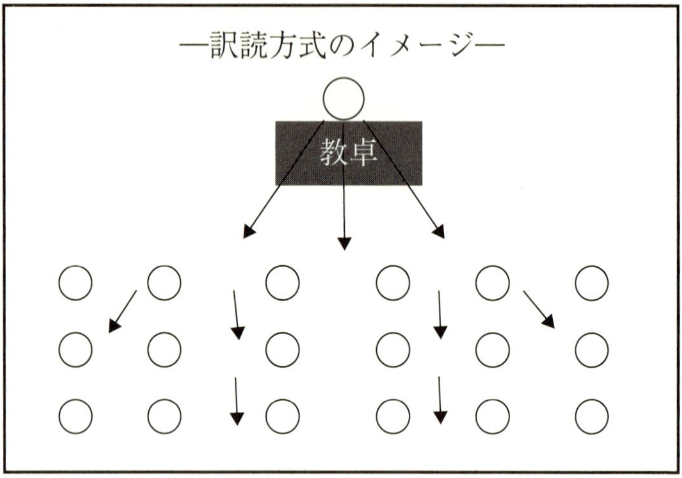

訳読方式では，生徒は教師からの話を一方的に受け取ることが多くなります。ここからは教師と生徒で行った質疑応答を，生徒同士で時にはやらせていくようにしましょう。いつまでも同じレベルの教え方にとどまっていないで，絶えず，生徒の力を伸ばす次の段階を考える教師であってほしいと願っています。生徒同士の活動へと移行していくのは，そのための大事なステップなのです。

生徒同士で英問英答を繰り返す（中級編）

(1) 教師と生徒との間の英問英答のやり方に生徒が慣れてきたら，教師はこの活動から身を引く。
(2) 全体の生徒をA,Bのペアに分け，教師とやってきたことを，生徒同士の活動に任せる。
(3) ただし，文の区切りと質問だけは，教師が準備しておく。

―生徒同士の質問方式のイメージ―

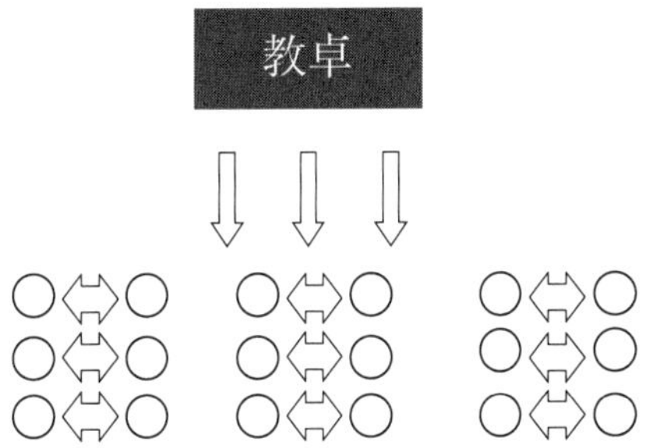

生徒同士の英問英答方式は，上の図が示すように，生徒相互の活動がメインとなります。そのメリットは次の通りです。

(1) 生徒同士のやりとりを通じて生徒の知的活動が活発化する。その結果，実力の上昇も期待できる。
(2) 教師の話を一方的に聞いている時に比べ，友人同士のやりとりがあると，その内容をよく覚える。覚えないとやりとりはできないからである。
(3) クラスの中に仲間意識が育ち，英語を共に学ぶ意欲を育てることができる。

4 中上級編
——これからの英語教育の考え方と方向性

1 英語教育のアプローチ——折衷法

私はここまで読者の皆さんと一緒に初級編・中級編と辿り，私なりの順序を追った方式を考え，提案してきました。できればこの方法のプロセスを辿ってほしいという思いはあります。しかし，そのままこのやり方をそっくり強要する気持ちはありません。多くの先生方は，本書に触れるまで色々な経験からそれなりのやり方を作り上げておられることでしょう。かつて，そして今も私自身がその道を辿っているのでわかります。「そこまで積み上げてきた貴重な経験を，一挙に御破算にしてスタートから私のやり方で始めてほしい」などという気持ちはありません。私の提案のどこかでも先生方１人１人の実践の役に立てていただければ，それで私としてはうれしいことなのです。なぜそのように考えるようになったのでしょうか。

私は50年近く英語教育を見てきました。ある時には「この方式こそ唯一無二のベストの方法である」という主張に出会ったこともあります。たとえば，Oral Approach という教育メソッドは戦後から1970年代まで盛んに実践されました。その中心になったのは，ELEC（English Language Education Council，英語教育協議会）です。あとになって女子短大で「今日はエレック（ELEC）

について少し説明する」と言ったら，１人の学生が「英語教育の授業になんで電子レンジの話なんだろうね」とささやいているのが聞こえてきました。ささやいても，どういうわけか教師の耳にはこういうのは残っちゃうんですね。そういえば，当時ある大手の会社は「エレック」という名前で電子レンジを大々的に新聞やテレビで宣伝していました。ELEC は現在でも英語教育の世界で活発に活動しています。

その中心になってリーダーシップを発揮していたのが山家（やんべ） 保（たもつ）先生でした。ある時先生は次のように話されました。「皆さん，自転車について考えて下さい。初期の頃の自転車は前の車輪が大きくて後ろの車輪が小さかったりバラバラでした。その後の研究によって前の車輪と後ろの車輪が同じ大きさになったのです。それが一番合理的な形として辿り着いた結論です。英語教育も同じです。今までに色々な方法を探して『Oral Approach』に辿り着いたのです。」山家先生は自信満々に笑みを浮かべて話されました。私には新興宗教の教祖のようにさえ見えました。

私はその後，山家先生の指導も受けて中学校の教室でのこの考え方に熱中します。そのうち疑問が膨らんで Oral Approach に基づく Pattern Practice 中心の教え方から離れました。

：なぜ離れたのですか。

：その辺の経緯を話すと長くなってしまいます。機会があれば話しますが，今はちょっと勘弁してもらえませんか。

：それで結局先生は教え方の理論についてはどうお考えになられるのですか。

：折衷法です。

：折衷法？　どういうことですか？

：「いくつかの異なった教え方の良いところをとり合わせて１つにまとめあげること」（デジタル大辞泉）です。それが50年実践してきての結論ですね。１つの方法論で授業全体をカバーするような教え方はないということ。それが見えたころから私は折衷主義に傾いていったのです。「良いところはとらせていただこう。しかし自分の目の前の生徒の実態に合わないようなところは無理して取り入れる必要はない」と考えることです。つまり折衷主義です。その考え方は現在まで続いています。

2 山家先生とオーラル・アプローチ

ところで私のところに『あえて問う英語教育の原点とは―オーラル・アプローチと山家保』（山家保先生記念論集刊行委員会）が献本として送られてきました。山家先生について書かれているところを２か所ほど本書より紹介したいと思います。

最初は編集委員会の「はじめに」の１節です。（紙数の都合上，短い引用であるのをご勘弁願います。）

はじめに

1.英語教育法理論について

日本の英語教育において，これまでさまざまな教育法が提唱され，実践されてきた。どの教授法が最も優れているということは言いがたい。その理由は，この学問分野の基本的性格によるもので，外国，特にアメリカ合衆国の方法をそのまま受け入れただけの内容を提唱しているにすぎないものが多いからである。日本の現実を踏まえているものが少ないのである。百花繚乱と言えばすばらしそうであるが，これといった確実なものがないというのが現実である。

振り返ってみると，その中でオーラル・メソッド（Oral Method）とオーラル・アプローチ（Oral Approach）が日本においての二大教授法であるのは歴史的事実である。Oral Approachは1960，70年代を通じて，日本の英語教育を支えた有力な考え方，教授法であった。

ELEC（財団法人英語教育協議会）は1950年から1970年代まで，毎年のサマー・プログラムでの現場の教師たちの再教育，また数々の出版物などによって，日本の英語教育の中心的存在となっていた。そして，その中心的人物が山家保先生であった。

続いて同書第１ページ山家先生自らのおことばである。

第Ⅰ部　言語教育の回顧と展望

(Language Teaching in Retrospect and Prospect)

―山家保先生80歳記念講演から―

1．現在，英語教育は不確実性の時代にある

[The age of uncertainty since the advent of transformational grammar. Hence the need to discover or rediscover an efficient and effective method.]

現在は，英語教育については不確実性の時代と言えるのではないかと思う。1977年にガルブレイス（John K. Galbraith，アメリカの経済学者）が *The Age of Uncertainty* という本を書いて，全世界的に評判になったが，そのような不確実性の風

> 潮が今の日本の英語教育界にあるのではないだろうかと思う。なぜそうなったのかと言うと，これはご承知のように1957年にチョムスキーが *Syntactic Structures* という本を書いて，それによって Transformational Generative Grammar（変形生成文法）というものが出てくる。そして，この理論によると従来の指導法はまったくだめだということで，それ以来有名な大学の教授，英語学の教授などという人たちが残らずと言ってもよいくらい変形文法に凝り，それで大変迷惑したのは学生のほうではないかと思う。今，そういう先生たちは何をしていらっしゃるのだろうかと時々思う。そこで，これからやるべきことはどういうことかと言うと，能率的で効果的な指導法を発見するか，あるいは，再発見するという必要があるのではないだろうか。

私は引用した2か所ともその内容には賛成です。思えば1960年代からスタートしたOral Approachから現在まで，ざっと計算してみましたら53年の歳月が経っています。53年と言えば私が英語教育に取り組んできたほぼ全期間にあたります。その間 Pattern Practice 中心の Oral Approach から私は早い段階で撤退してしまいました。新興宗教の祖のようであった山家先生の面影は今はありません。違った路線を歩んできた私と山家先生の考えておられることが完全に同じかどうかはまだわかりませんが，同じ方向に向かっているということに私は深い感慨を覚えているのです。

：なるほどねぇ。深くて広いお話を伺いました。私などまだまだ外国語で書かれた英語教授法を読んでいませんのでそういう面で正直に言うと劣等感を持っていました。

しかし本当はまず目の前の生徒をしっかり摑む。そこを見逃すといかなる教え方も宙に浮く，ということだと考えながら話をお聞きしていました。

：それはありがたい。そんなに深いことを言ったつもりではなかったのですが。そろそろまとめをしましょう。

★ここがポイント

私は英語の教え方について，私の考えを提案します。そのままやっていただくのはうれしい。しかし，そうではなく，自分の考え方を中心にすえつつ，それを成長させるために私の教え方を利用，応用してもらう途もあります。それも歓迎したいと思います。

3 意味理解か内容理解か？

：「英語の文を理解する」の中には，「文の意味理解」と「文の内容理解」が含まれています。まず質問ですが，君はどちらを多くなさっているでしょうか。

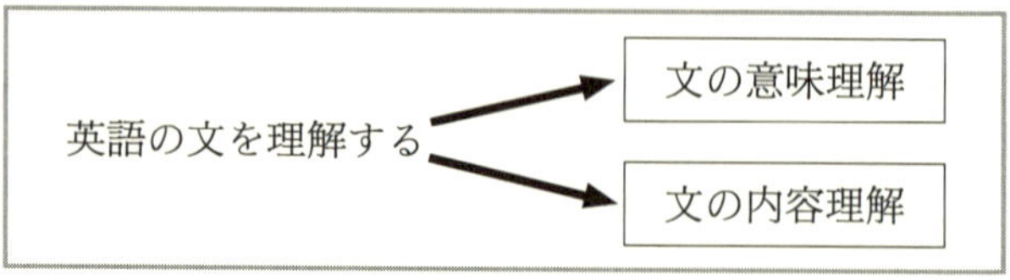

：それはもう圧倒的に「意味理解」の方ですね。

：私も色々なところの授業研究に呼ばれますが，意味理解を到達目標としてそこで終わっている先生方が圧倒的に多い。それで「自分の仕事は一件落着，終点まで来た」という感じです。その向こう側まで突き進まれる先

生方は，あまり見かけません。

例えばPISA（Programme for International Student Assessment：OECD生徒の学習到達度調査）の到達度の発表が，日本の教育界にショックを与えたのは御存知の通りです。フィンランドが最初１位に躍り出ました。多くの教育関係者がフィンランド詣でをしましたね。何かを学びとろうとしたわけです。最初は日本も学力順で上位につけていましたが，その後右肩下がりです。私は日本人の子どもがフィンランドの子どもと比べて順位が示すほど能力が低いとは考えていません。ただ教え方が違ったのです。日本は私なりに言うと意味理解を到達点としていた時，フィンランドはそこを出発点として内容理解に入っていったのではないか。意味理解は前提であってその後から本格的な授業が始まるのではないか。

フィンランドの教材と教え方を見たこともあります。日本では意味理解で一件落着という感じですが，フィンランドでは「それでは君が登場人物だったらこの後どうしますか」といった問いがなされ，続きます。「どうしてそう考えるのですか。その理由は何ですか」など，どこまでもwhy, whyの問いかけが続きます。生徒を考えさせる方向にもっていくのです。

わかりやすくするために１つだけ例をあげます。芥川龍之介の「蜘蛛の糸」という作品があるのを御存知だと思います。ある日お釈迦様が極楽から蓮池をとおして地獄をみておいででした。もちろんそこには多くの罪人がいるわけですが，その中にカンダタという大泥棒がいるのが目に入りました。この男は生前さんざん悪事を重ねたが，一度だけ良いことをした。それは小さな蜘蛛を踏み殺そうとしたが，そうせずその命を助けた。そのことを知っておられたお釈迦様は彼に向かって一本の蜘蛛の糸を極楽からおろした。それを見たカンダタは「これを登っていけば極楽に行ける」と思い必死になって蜘蛛の糸を登り始めた。ところが下の方を見ると，数限りない罪人が次々とこの糸を登ってくるではないか。このままでは糸が切れてしまう。彼は下に向かって「こらーっ，登ってくるな」と大声でどなったとたん，その糸は「ぷつん」ときれてしまい，カンダタもろとも地獄に再び落ちてしまった。そのあと私が読んだ版では「自分だけ地獄から抜けだそうとするカンダタは，その心相当な罰を受けた」というようなことになっていたかと思います。

得られた教訓は「自分のことだけ考えるのはよくないことだ」というようなものであったように思います。私たちはこういう教え方をされて育ってきたと思います。

フィンランドの授業はここから始まります。「君がこの盗賊だったらどうするか」と問いかけていくのです。「大声を出したら，自分もろとも地獄に落ちるとわかっていたらどうするか」そしてその答えに対して「なぜそう考えるのか」と why, why が続くでしょう。これはいわば，小学生のころから自分の頭を問題解決の方向に向けさせ考えさせる練習なのです。そして自らの頭で考えさせるためには，簡単に答えなど与えません。

フィンランドで母親が幼児に絵本の読み聞かせをしている場面をテレビで見ました。母親が幼児にむかってしょっちゅう「なぜ」「なぜ」を繰り返しているのが印象的でした。こういう教育は教育だけの話ではなく，フィンランドの国力を豊かにしているというレポートを読んだこともあります。今ヨーロッパではかなりの国が経済危機に瀕しています。つまり国家財政が赤字になっています。フィンランドの教育で育った人間は，卒業して工場に勤めても自らの頭で考えた新しい製品を社会に次々と送り出します。フィンランドの携帯電話の生産はヨーロッパ１位で，各国に輸出され，外貨を稼いでいると読んだこともあります。つまり，ヨーロッパ諸国でも受け入れられ，そしてフィンランドの経済にも安定感を与えているそうです。

今，世界は知識基盤社会になりつつあります。そういう社会にどういう日本人を育て送り出すのでしょうか。どこかで引用したと思いますが，「社会を急速に変えたかったら政治家になれ。国を長期にわたって変えたかったら教育者になれ」と言った人がいます。フィンランドの話は再度この教育に対する指摘を私に思いださせました。私たちは地味な日常的な授業や教科活動の中でも，志をもって生徒の育成に向かい合うことを忘れるべきではないと思います。

：先生，お話は面白いのですが，だいぶ大きな話になって参りました。「英語で授業」とどう関係しているのかなと考えながらさっきからお聞きしていました。そのへんのこと，まだ私にはよく見えません。

：そうだね。それではこのへんでひとまずまとめさせてもらおう。

★ここがポイント

私は5年後10年後の英語教育を考えています。今から10年もすれば，私たちの生徒も改革された小学校英語から始めて，英語を読んで理解したり，聞いて理解したり，話したりできるようになるでしょう。ということは，高校や大学卒業の時までにかなりレベルアップをしていることが予想されます。そういう時代に生きていく人間に，意味理解の英語教育だけでよいのか。受け取るだけの英語教育でよいのか。

先日京都外国語大学で，大学生を中心とした模擬国連がありました。あの有名な明石康さんも出席なさり，良い話をしてくださいました。

模擬国連はdebateで成り立ちますが，外国から来た学生に比べて，日本人学生には大きな特徴というか弱点があるのに気がつきました。話の内容を理解するのが精一杯で，自らの考えに基づく意見というものが，なかなか出てこないのです。英語教育の教え方も「意味理解」から「内容理解」へのシフトをいまの時点から少しずつ考えていかなければならないと思いながら私は聴いていました。自分の考えを進んで述べたり，相手の理解を得るために納得できる英語で表現できる人間は，一朝一夕にできるわけではないからです。

今，英語教育の変革期にあたり，そのための手だてを具体的にスタートさせることを忘れてはならないのではないでしょうか。

：なるほど，私にもわかってきました。私たちにもそういう生徒を育てる責任が両肩にかかっているということですね。

：そうだよ。だから私は英語教員志望の学生に「君たちこそ私の希望だ」と言い続けている。「希望の星」です。

：そんなあ，学生だけに責任を負わせないで先生も一緒に背負ってくださいよ。

：その心は十分持っているからこそ，こういうことを講演で言ったり，授業で話したりしているのです。しかし私は皆さんほど長く生きられないのははっきりしていますからね。寿命には勝てない。どこかで命は尽きるのです。

：先生，何か厭だなあ。そんな遺言みたいな言い方しないでくださいよ。

：だから，君などとも幸い親しくこうやって話す機会を持っているのですよ。かつて巨人の長島選手は「巨人軍は永遠です」と引退にあたって言いましたが，「英語教

育も永遠です」よ。私たちが先輩から受けついだように，私たちも次世代にしっかりバトンタッチしていきたいと思っているのです。私はうっかり「英語教育も永遠です」と言いましたが「教育は永遠です」と言い直しておきます。

：それで先生は英語で進める英語の授業上級編の中で，答えのない質問をしかけて生徒に考えさせるというモデルを示されようとしているのですね。

：わかっていただければうれしいよ。

：こんな小さな試みの中にも，先生の頭の中にはこんな大きな願いがあったんですね。

：それでは次からはもう少し具体的な実践の方向を示していきます。

：よろしくお願いします。

5 上級編
——新しい時代の英語の教え方をめざして一歩踏み出そう

1 Fact Finding 型

まず，質問の型には次の 3 つの種類があることを確認しておきましょう。

質問の型
① Fact Finding 型
② Inferential 型
③ Personal Involvement 型（P.I. 型）

最初の Fact Finding 型というのは fact（事実を）finding（見つける）型の質問です。質問の答えはすべて教科書または与えられる英文の中にあります。本書で示した初級編の例はすべて Fact Finding 型です。

(例)

教科書の中にある文： Before Takahashi came to Kenya, she looked forward to the children's smiles.

質問：Did Takahashi look forward to the children's smiles in

Kenya?

答え：Yes, she did. She looked forward to the children's smiles.

：先生，私などが生徒に仕掛けてきた今までの質問は，その答えが教科書の中にすべて明示されています。こういうタイプは先生の考え方ではあまり歓迎されないということですか？

：とんでもない。この形の質問は内容理解のための基礎の第一歩です。そのつもりで授業をしてください。このことはきちっと今まで通りやってほしい。

2 Inferential型

ここでもおさらいから始めますが，この型はInfer（推測する）型の質問です。質問の答えは教科書の中にはありません。したがってInferential型の質問に答えるためには教科書の英文を一層深く読み，頭を使って「推測する」しかありません。本書で示す上級編の例にはInferential型が入ります。

（例）　Why can't they buy shoes?

この質問の答えは直接教科書には書かれていませんので，生徒はinfer（推測）することによって，答え（Because they are poor.）などにたどり着きます。

3 Personal Involvement型（P.I.型）

：これは初めて聞きますね。

：Personal（個人が）Involvement（巻き込まれること）というやり方です。

：どういうことでしょうか？

：「個人が巻き込まれる」というのはちょっとわかりにくいかもしれませんが，要するに，１人１人の生徒に自分の考えや意見を述べる方向に持っていく授業の方法です。

：私はこういう形の質問は，教室のなかでまだやったことがないのでピンとこないのですが。

：例えばMother Teresaのレッスンで，「Mother Teresaはどこで生まれましたか。」「彼女がインドに来たのは何歳の時ですか。」「彼女が『死を待つ人々の家』を始めたのはインドのどこの場所からですか。」「Mother Teresaが授与された有名な賞の名前は？」などは教科書に書いてあるからFact Finding型ですね。ただ，次のような質問，「こういうMother Teresaの生き方について，あなたはどう思いますか。」となったらこれはP.I.型の質問になります。

：なるほど，しかしこれは難しいな。生徒が急に英語で答えられるかどうか。

：何でも最初は難しいのです。しかし切り口は必ずあると思って下さい。そこで教師の力が問われるのはこういう時です。工夫のしどころです。

：こわいですね。

：ところで私たち（高梨庸雄，齋藤榮二，渡辺時夫）は *Orbit English Reading*（三省堂）2003年版でP.I.型の質問をすでに仕掛けていたんですよ。

：2003年度版というと今から12年も前のことですね。そんな時にP.I.型を仕掛けたなんて初耳です。ちょっとお聞きしたいですね。

：それではちょっと触れます。タイトルは Test　Your Limits! —The Bob Wieland Story—というものです。簡単に story を述べますと，青年 Bob はメジャーリーガーとしての夢を果たす前に徴兵され，ベトナム戦争に行き，両足を失った。彼は腕と手を使ってロサンジェルスからワシントン DC までの5,000キロ以上を踏破した。足は使っていないから踏破ではありませんね。かかった時間は 3 年と 8 か月と 6 日。コツコツと手と腕で進み続けた。いわば人が限界に挑戦した物語です。

：これは高校生にも読ませたいですね。

：さて本論です。その課の exercise で次の質問を問題の 1 つとして出した。今のように「英語は英語で」の時代ではなかったので日本語での出題だった。次のようなものです。

君の考えは？ ①　本文の中から，あなたがいちばん強い印象を受けた文を選んで書いてみよう。 ②　その文からなぜ強い印象を受けたのか。その理由を考え書いてみよう。 ③　①と②の内容について，友だちのものと交換して見せあってみよう。

多分このところの質問は私が書いたような気がします。

：それでどうなりました。

：ある高校の授業研究会に呼ばれたとき，ある先生がこの課を教材としてとりあげていました。最初の exercise は短い英文が 4 つ並んでいて，それぞれが教科書の

内容と合っているかどうかという問題でした。私の分類によればFact Finding型です。

：それでP.I.型はどうなりましたか。

：それですが，この先生はその部分をそっくり省略されたのです。

：え！　省略。なんでですか。

：私はその後の授業研究会で「省略なさったのは何か理由でもあったのでしょうか。」と控えめに聞いてみました。

：それで。

：その先生は「私の生徒はまだ基礎ができていないものですから，基礎ができたらやってみようと考えています」と答えられた。授業研究会に参加しておられた先生方もなんとなくうなずいていたような雰囲気がありましたね。

：そうなんですか。そんなことがあったんですか。まあ，その先生の気持ちもわからないではないですよね。

：しかしこれには後日談があります。

：それも聞かせてください。

：君もフィンランド式になってきたねえ。次々と質問してきますから。後日談ですが，1年半ほどのちにたまたま同じ先生の授業を見る機会がありました。ある意味ですぐれた先生で，自分の授業にもそれなりの自信をお持ちだったのかもしれません。中味は違っていたと思いますが，やはりP.I.型の質問には触れられていませんでした。

：そうなんですか。

：私は心の中でつぶやいていました。「あなたはいつになったら生徒の基礎ができたと言うのですか。残念ながら自信をもって生徒の基礎ができたと言える時など永遠にやってこない。」少し言い過ぎかもしれませんけれどね。そう思って授業を見ていました。図に示すと次のようになるのではないでしょうか。

A	基礎 → P.I. 型の活動	（順番方式）
B	P.I. 型の活動 基礎	（同時進行方式）

Aは，前述の先生のように「基礎ができてから」P.I. 型の活動をするという考え方です。しかしこれではP.I. 型が永遠に来ない可能性があります。そこでBです。

Bは基礎をやりつつ当初からP.I. 型を同時に実践するやり方です。現実的なのは基礎とP.I. 型の同時進行で行くというのが私の考えです。

：先生，そんなこと言ったって，例えば小学生にP.I. 型をやらせることなど不可能でしょう。

：小学生が高校生のP.I. 型などできるわけはありません。しかし小学生には小学生レベルのP.I. 型があるのです。

：例えば？

：例えば，“Do you like apples?” と聞くのです。

“Yes, I do.” と答えたら，小学生なりに自分の考えを述べているという意味でP.I. 型ですよ。こんな簡単なやりとりからP.I. 型は可能ですよ。だいたい絵などを見せられて “What are they?” “They are apples.” などと延々とやっているよりは，“Do you like apples?” と

聞かれて “Yes, I do.” か “No, I don't.” と自分の心を表現する方がずっと心のこもったコミュニケーションになりませんか？　ついでに “How many apples do you eat a day?” などと聞かれ答えようとしたら脳はさらに活性化しますよ。

：なるほど。また eye-opening な指摘をいただきました。

：でもよほどでなければ，日本の英語の先生は P.I. 型にチャレンジしないと思ったのは事実です。

：どうしてですか。私ならやってみたい。

：君は特別ですから。君ならチャレンジするかもしれない。

：そういうチャレンジを妨げるのは何だと思われますか。これはこれからの英語教育の新しい発展のためにもぜひ聞いておきたい。

：やはり先生方の保守性と，これから英語教育で果たす P.I. 型の意義への理解と展望の不足でしょう。

：保守性というと？

：今までやっていたことで，誰も文句を言わないからそのまま続けるという保守性です。

：もう少し具体的に言うとどういうことになりますか？

：君もどうやら why, why の追求型が身についてきましたね。

：先生に教えられたものですから（笑）。

：ちょっとまわりを見渡してごらんよ。スーパーマーケットの商品でも TV に出る新商品の紹介でも，次々と改善したり新しい商品が出てくる。これは利益確保のためにたえず工夫し，どうやって消費者に訴えるかという競争ですよ。

：それはわかります。それは今の話と関係あるんですか？

：つまり，たえず新しい工夫をする。そうでなければ会社が立ちいかないという危険にさらされる。こういう競争のための工夫から言えば，教師はまだまだのんびりしたものです。

：教育と会社というのは同じではないと思うのですが。

：うん。たしかにそういう面はある。しかし，私たちが日々相手にしている生徒さんや学生諸君はある意味で私たちの提供する教育の消費者ですよ。そう考えれば消費者の未来の成長のために，どういう教育を提供すれば良いのかを考えることは私たちの責任ではありませんか。

：なるほど。そういう関連ですか。

：こんな論説を読んだことがあります。

「日本はみんなの努力で世界経済において3位まできた。しかし今では中国に追い越され，電気製品でも韓国のサムスンに日本の有力企業であるソニーもパナソニックも追い抜かれた。そして大きな赤字を出したりしている。戦後日本はその技術力によって大きく世界に雄飛した。その勢いで新しい繁栄を続けられると思っていた。サムスンはこれから大きなマーケットになるアジアを対象とした消費者の調査を徹底した。その結果出てきたのは，アジアの一般の人には日本の会社が作るような技術的にすぐれた商品はそれなりに値段が高く，多くのアジアの一般人の手に届かない。サムスンは消費者の実態を徹底的に調査した。その結果消費者に手の届く小型の安い商品にターゲットを絞った。それが売れた。消費者の動向を的確に把握しなかった日本の企業は，追い抜かれ

置いてきぼりをくった。」

これだけが日本が追い抜かれた原因とは思いませんが，そういう側面もたしかにあったと思います。

：ああなるほど。よく分かりました。教育にも通じるかなあ。

：通じるよ。日本が小学校英語の活動をスタートさせた頃，日本の小学生の英語力はアジア９か国中９位という報告を読んだことがあります。私はそのことをある会で話したら「え？　日本は上位ではないのですか？」という意外だという声が聞かれました。

私は丁度その頃ある大学で「早期英語教育論」を担当していた。大学院の授業なので参加者は12人前後でアジアからの留学生も２人ほどいた。NHK はその年「エイゴリアン」を作成し，テレビで放映した。恐らく準備も不十分なままスタートしたのでしょう。日本の小学校の英語活動を支えようという意図があったのかもしれない。その中の１話を，大学院の授業で見てもらいみんなの意見を問うた。日本人院生からはおおむね「楽しい。自然に英語が覚えられる工夫もある」等のコメントが返ってきた。アジアの留学生のところに発言の順番がまわってきた時，その留学生はこう言った。「税金を使ってなんでこんなことして遊ばせておくのですか」この発言で一瞬空気が凍ったような気がした。そしてもう２人おいて別のアジアの留学生も「今の発言に同感です」と述べた。

私は残念ながらその頃アジアの小学校英語の状況について詳しくはありませんでした。調べていくうちに他の国では国の将来をかけて取り組んでいる時，日本はまさに「遊ばせている」状態であったことがわかりました。

そして小学校の担任の先生方は「生徒と同じ立場で学ぼうという姿勢を示せば良い」などと言われていたのです。私は心の中では「同じ立場でいい？　教師は教える教科についてそれなりの専門性を身につけているから教師として教壇に立つのではないか。同じ立場で良いなら授業料返せ」とつぶやいていました。そのころどこかで私は「世界が新幹線仕様で走っている時，日本はトロッコで走っている」と書いた覚えがあります。これは小学校英語のことだけを頭に書いたのではなく，高校の英語の授業のことも頭にあった。録音したら，80%くらいは日本語が流れている英文和訳方式の授業を頭に置いて書かれたものだった。「日本語ばかりずっと聞いている授業。英語がほとんど流れていない授業でどうしてリスニングやスピーキングの力がつくのか」という問いかけだったのです。その流れで続いて本書を書く気になったのです。

：なるほど。いつも感じているのですが先生の話は，現状とそして未来に視点がある。

：私の話はまだ終わっていません。

：これは失礼。

：なぜ先生方が頭を使わせる P.I. 型の実践の方に向かわないかの現実的理由がまだあります。

：お伺いしたい。

：最初の 2 つの段階，つまり Fact　Finding 型と Inferential 型では誰が答えを考えても同じ答えに到達しますね。

：ああそうか。それはそうですね。その通りですね。

：P.I. 型ではどうですか？

：P.I. 型ではそうはいきません。どうしてかと言うと，

P.I. 型は個人の意見を言ってもらうわけですから，採点する時のことですけれど，それぞれ違った意見が出たとしても自然ですね。それじゃあどうすればよいのでしょうかね。

：これから述べる発想は，根源をたどれば私が小学校の教師の頃に行っていた実践がヒントになりました。その頃の私の勤務していた小学校では「１人１人の教師が１つの教科を専門とするように」と決められていました。私は国語にしました。小学校に英語がない時代ですから。先生方によっては社会を選んだり算数を選んだり理科を選んだり色々でした。

：専門の先生というのは何をするんですか？　小学校では，担任は基本的には全ての教科を教えるのではないのですか。

：その通りです。小学校では全ての担任は基本的には全教科を教えることになっている。だからある教科の研究担当になっても，学年全体の国語を教えるということではありませんでした。つまり専任教科というのは，例えば私なら「国語を私の研究教科にしますよ」と決めて皆に宣言することです。そうすると，他の教科よりも国語の授業のあり方について深く勉強する。あの頃は「所長訪問」という制度があって，教育委員会の所長と指導主事数名で年に１回は「学校訪問」という名の授業の視察に来ることになっていました。その時にはすべての教師が自分の授業を公開し，指導主事の指導を受けることになっていましたが，主に自分の研究教科で授業をすることになります。そういうシステムの中で私は国語を自分の研究教科にしていたということです。

：なるほど。それでそのこととP.I.型とはどういう関係があるのですか。

：私個人としては，学生の頃から戦前の山形の青年教師が取り組んでいた生活綴方（つづりかた）的教育方法に興味を持っていました。

：それはどんなものですか？

：僻地の村ともいえる山村で，児童生徒たちに綴方（作文）を書かせる。その指導を通して，すべてのものに対してよくよく観察し，考え，成長させようという教育方法でした。戦後になって無着成恭（むちゃくせいきょう）氏の『山びこ学校』となって成果を示したと思います。私は山深き温泉地の分校教師，宮崎典男先生がお書きになった『人間づくりの学級記録』には感動とともに深い影響をうけた。無着氏の『山びこ学校』は，私の書棚のどこかにまだあるはずです。これで私がなぜ国語を研究教科にしたかについてはわかってもらえたでしょうか。

：教師になるための奥の深さはよくわかりました。それでP.I.型はそこからの発展でしょうか。

：そうです。国語の小学3年生の授業でも，ただ単なる感想だけに終わらせず，常に生徒のホンネと対峙しようとしていましたね。

：具体的に教育方法としてはどういうことになるのでしょうか。

：私の最初の指導は小学3年生です。僻地の子ということもありますが，都会の子どもたちと比べてどちらかというと無口でしたね。私の出した理科の問題「次の（　）の中に適当な文字を入れなさい」という問題で，「おもちゃはぜんまいや（　　　）で動く」というのが

ありました。私の正解は（電池）だったのですが，ある女の子は（わらび）と書いたりしましたからね。その山村で育った子には「ぜんまい」ときたら「わらび」という発想になったんだと思いますよ。今でもその女の子の表情を覚えています。おかしかったのはもちろんですが，むしろ楽しかったですね。無口でしたが罪のない顔をしてたえずニコニコしていました。職員室でこの話を紹介したら皆さん爆笑なさったのを今でも覚えています。

：P.I. 型の授業をどうしたらいいかが，まだよくわからない。うまくやるための方法はなにかあるはずですよね。私ならどうするだろう。

：どうしますか。君から君の考えを述べてみませんか。

：P.I. 型は答える人間がそれぞれ自分の意見を言う。そうなったら前の 2 つの型のように決まった答えは出てきません。私は今話しながら考えているのですが，質問のしかたをやさしくすることしかないと思います。Fact Finding 型と Inferential 型の場合，生徒の誰かが正解を示せば○。答えは常に○か×で，他の生徒も非常に簡単に理解できる。生徒全体にもすぐ提示できる。しかし P.I. 型の場合は，もともと 1 つの決まった答えがないのだから○か×かで処理して終わるということはできない。そうすると，P.I. 型を教室でやったとしても，出てきた多種の答えを前にして慣れない教師はどうするかやっぱり戸惑うと思います。

：君が今述べたことの中に，私のやったことへの回答がすでにあります。感想など簡単に述べられない生徒への対応です。慣れていない子どもになにかを読ませて「感想は？」などと言ってもなかなかスムーズには出てきま

せん。そこでレベルを一段下げて「今日読んでおもしろいと思った文や，なるほどと思った文を１つだけ書いてごらん」と言いました。その後は何人かを指名して黒板に自分で選んだ文を書かせました。その次に「どうしておもしろかったか，みんなにちょっと言ってくれないかな」と言って，話したがりそうな子から指名してみました。ポツリポツリと喋り出しましたね。もう御存知のように。この活動は「自分のおもしろかった文を選ぶ」ところからすでにP.I.型の活動ですよ。そして友だちの意見を聞いている間に，「自分もそう思った」とか「ちょっと違うな」などという感想も出てくる。これが６か月程続けば，教師が考えもしなかったようなコメントが出てきます。私にとっては新しい生徒の発見と教え方の発展でしたね。

：そしてその考えを，英語を教えるようになってから応用した。そう考えてよいですか？

：その通りです。その考え方を応用して次のようなリストを作って生徒に示したこともあります。この時は，英語の授業ですからすでに中学生が対象でしたね。つまり「ストレートにあなたの考えを述べなさい」に答えるのは生徒にとっては結構たいへんですが「おもしろいと思った文を１つだけ選びなさい」という言い方をすると，手をつけることができるということです。おもしろいと思った文がなければ，「自分もそう感じたことがある」という文でもよい。生徒にとって，やりやすい方向で考えるということですね。次にリストの例を示しましたが，その時々で質問を変化させることも可能です。

番号（　　　　　）　名前（　　　　　　　　）

今日の Reading をさらに深く読むために，
次の問いに答えてみよう。

1. 今日の Reading の中から，あなたが一番重要だと思う文を選びなさい。

(あなたの選んだ文)

2.その理由をみんなに話してみよう。

(あなたの選んだ理由)

3. クラスで出てきた文の中から気に入ったものがあったらノートに書いておきましょう。

4　P.I. 型の授業はこう進める

少し古いですが，*Orbit English Series II*（三省堂）の次の教材（実際は英文）を例に話を進めたいと思います。

> 森本さんは乳飲み児を連れたママさんトラックドライバーです。赤ん坊の Keigo ちゃんがミルクを求めて泣いたので飲ませようとトラックを道路脇に止めました。その途端にトラックの運転席のなかで母子もろとも投げ出された。阪神大震災の襲撃です。あとは地獄でした。先ほどわかれた仲間のトラックは横転し，彼は命を落としていました。なぜ自分たち親子だけが助かったのか。なぜ Keigo はお乳を求めてあの時急に泣き出したのか。泣き出さなかったら彼女たちも友人のトラックドライバーと同じ運命をたどっていたのではないか。その時から彼女はふるさとの和歌山と神戸の間を，人々に必要な日常の物資を買い集めてトラックでの往復を始めた。
>
> 2 年がたって森本さんはすべて自分のお金も使い果たした。森本さんは，ある時仮設住宅に一人でいたお婆さんのことが気になって訪ねた。彼女を数日前に訪ねた時おにぎりを渡したが，彼女は一人で死んでいた。餓死である。財布の中には20円と先日渡したおにぎりの包み紙がくずかごの中に残っているだけであった。
>
> 森本さんは過労のためヘルニアを患い入院した。驚いたことに彼女あてに多くの見舞いの手紙が寄せられた。その一通に「あなたは神戸のサンタクロースです。あなたは多くの人々にあたたかい親切というプレゼントをしてくれた」とあった。彼女は「私は人々を勇気づけようとしましたが，しかし多くの人々に勇気づけられたのは私です」と，静かに語った。

皆さんの感想をお聞きしたいです。この内容をあなたは英文の読み取りだけで終わらせようとするのでしょうか。この作品に限らず，英語の世界にも珠玉のような言葉を残している人はたくさん存在しています。なぜそのことばを次の世代に伝えようとしないのでしょうか。

私が第1章で述べたように「英文解釈」から「英文読み取り」の方向を目指そうというのは，こういういわば心を打つ教材を前にして，ただ単に「英文理解」だけでよいのかという思いをずっと持っているからです。たしかに英語は受験科目としても大切ではあります。しかし「一生受験指導だけで終わるのか」と問いかけたいのです。この課は私と編集部で森本さんに直接取材し，私が書き下ろしました。

Listen

1	2	3	4	5

Did you get it?

❶ あなたはあるテレビ局のアナウンサーで，森本さんへのインタビューが終わったところです。放送に備えてこれから自分が話す内容を整理しています。例にならって整理を続けてください。

例 阪神淡路大震災が起きたとき，森本さんは何をしていましたか。
→She was driving her truck along Route No. 2.

1. 大震災が襲った瞬間佳吾(Keigo)ちゃんはどうなりましたか。
→
2. 地震の直後，森本さんは何を感じましたか。
→
3. 地震のあとで，森本さんは，和歌山に何をしに戻りましたか。
→
4. 亡くなられた老婦人のところで，森本さんの見つけたものは何でしたか。
→
5. 森本さんはボランティア活動の中で何を感じましたか。
→

❷ A Santa Claus in Kobe を読んであなたがいちばん心を打たれた文を本文から抜き出して，その理由を書いてみよう。

選んだ文	
理由	

選んだ理由などについて，お互いに話しあってみよう。

Orbit English Series II（三省堂）

上は，この教材の後の活動として私たちが設定したものです。今までの説明からおわかりのように，❶は従来型の質問であり❷は新しい時代に向けたP.I.型です。

：なるほど

：次のような指導の手順も考えていました。

選んだ文	
理由	

＜手順＞

(1) 生徒を2，3名指名して，自分の選んだ文を黒板に書かせる。

(2) 選んだ理由をみんなの前で発表させる。

(3) 最初は日本語でよいことにする。

(4) 少しずつ英語での説明に持っていく。

（注：英語で説明した生徒には，ボーナス点を与えても良い。それらを平常点として，成績に加算することも可能。色々工夫を）

：これを考えたのはずいぶん前のことですから，生徒への説明は日本語でした。しかし今なら理由の欄に2つの文を書いたらその片方を英語にしてみようというような要求はできると思います。

：そうですか。これなら私にもすぐできそうに思えます。先生はこれを高校生に使われていたのですか？

：いや，もうその頃は大学で教えていましたので，大学生相手にdiscussionやdebateの形で最初からP.I.型の

やりとりをさせることに少しずつ手をつけはじめていました。

私は現場の先生方，この場合は高校の先生方ですが，授業研究会に招かれることが結構ありました。今も続いています。その時にやさしくスタートするP.I.型の方法はないかとずっと考えていました。これは高校の先生方の授業研究会のワークショップに持参したハンドアウトの一部です。

：私はそこが聞きたいのです。先生は私などが考えないような大きな発想をなさる。私などそういう話を聞いて「なるほど」とは思うのですが，それじゃあ生徒を目の前にして，つまり具体的な方法ですが，どうやって授業のやり方を創り出すのかそれがわからない。そのうち日常的な忙しさにまぎれて，そういう話を聞いたということも忘れがちになる。そして進歩のない授業に戻ってしまう。これはもしかすると多くの同僚の先生方が辿っている道ではないかと思うんです。先生の大きな「発想につなげる具体的な方法にいたる道」というか秘訣みたいなものがあったら教えていただきたいのですが。

：ありませんねえ。

：え！　ないんですか。冷たいな。

：はい，ありません。ただ方法論なら多少はあると思います。実際には「考えに考えぬく」というのが秘訣といえば秘訣です。なにか方法はないかと同じことを常に考えている。そうすると，ある時「スーッ」と解決の糸口が浮かぶ。指名の仕方についても同じことが言えます。「何とかして質問のできる生徒」をつくりたいと思った。生徒が自分の分からない点を聞くようになると，授業の

効果はきわめて有効なことに気がついたのです。そして指名について考えた。Aという方式をやってみる。そうすると必ずまた別の次の問題が出てくる。教師としての私はまた別の対応を考える。それを考えて実践にうつしてみる。そしてある時振り返って見ると，生徒は自分でわからないところがあった時「どんどん聞いてくる生徒」になっている。生徒は質問するのがあたりまえだと思ってしまっている。たまたま私の授業を覗いた同僚の先生に「先生のクラスではなんであんなに生徒が質問をするんですか」と言われたのを今でも覚えています。

：なるほど。やはり工夫の積み重ねなんですね。Rome was not built in a day. ですね。

：それではきみがRomeの話をしたからjokeを１つ述べて終わりましょう。アメリカの話です。

歴史の教師：When was Rome built?

生徒：Night. Rome was built at night.

歴史の教師：（年代が返ってくると思っていたからびっくりして）
Who taught you "Rome was built at night?"

生徒：You did, sir.You said, "Rome was not built in a day." So I thought Rome was built at night.

つまらないjokeですみません。今日のまとめを１つ。

★ここがポイント

考えに考え抜こう

：P.I. 型についてもう１つ追加しておきましょう。教師自身，何行か自分の考えを追加してみましょう，ということです。P.I. 型で自分のコメントや感想なども付け加えるのです。そうすることによって，その教材は生徒にとっても，より身近なものとなります。

それだけではありません。後で気づいたことですが，そういう教師のことは，生徒は卒業して何年たっても覚えているものなのです。私は小学，中学，高校と東北の福島で教えていました。その後，京都に移って主に大学での教師生活をして何十年か経ちました。ある時，昔高校で教えていた時の生徒の一人が，福島から京都の私に電話を寄越しました。「先生，私のこと覚えていますか？　私たちの仲間で先生を囲んで同窓会をやろうという話が持ち上がっているのですが，遠いところすみませんが来ていただけますか。」

私は即座に答えました。「行くよ！」福島で教えた生徒で福島にずっと残っている人間はそう多くありません。多くが東京やその他のところに散らばってしまっています。「集まれるのは５人か６人なんですが，それでもいいですか？」「いいよ，いいよ」当日は驚いたことにその３倍は集まりました。「先生が来るというのでそのためだけに久しぶりに福島に帰って来た，という仲間が何人かいるんです」ということでした。私は正直，涙が出そうになりました。

卒業して３，４年も経ったら忘れられる教師もいます。あなたはどちらの教師生活を送りたいでしょうか。自分の P.I. 型を述べる教師は，卒業しても生徒は覚えていることがあるということでしょうか。

：いい話ですね。私もそういう教師を目指したいです。ところで，まだ質問が残っているんですが。P.I. 型の場合，自分の思いを述べた生徒の評価をどうしたらよいんでしょう。本当は自分で「考えに考え抜かなければならない」んですが，やはり先生のご意見をお伺いしたいと思います。これは結構難問だと思えますので。

5　P.I. 型の評価はどうするか

：ここまで話を伺ってきて，私も P.I. 型の重要性がわかりましたので，最後の評価までよろしくお願いします。

：正直なところ，君の質問にひっぱられて P.I. 型について書き足すことになったようなところもあるのです。

：ご迷惑ですか？

：そんなことは全然ないんだよ。君の質問で私のほうはまだ述べていないことがあったことに気がつきましたしね。

：私にとっても，モヤモヤとわからないところが明瞭になります。質問したついでの最後です。Fact Finding 型や Inferential 型ほど P.I. 型の評価の問題は単純には思えないのですが。

：単純にはいきません。これはむずかしい問題ですね。「1人1人の持っている価値基準を良いとか悪いとか判断できるか」という根本的な領域に入りますから。小学校の場合，私は「生徒が自分の考えを述べる方向」には手をつくしました。しかし現れた結果の意見についての評価はしませんでした。価値基準の評価は避けたということです。

：なるほど。それも１つの選択ですね。ところで今先生は大学生や現職の先生方を大学院で相手にしておられますが，そこではどうなさっていますか。

：学生の場合は，英語で自分の考えを述べることを目的に設定した２クラスの授業を担当しています。いずれのクラスも debate や discussion を英語でできる方向へ力を伸ばすこと，と私が自分で決めた目的のクラスです。これはもう最初から P.I. 型です。意見発表型の授業ですから。つまり彼ら彼女らが自分のスピーチの原案をつくるところからねらいは P.I. 型です。ですから，生徒のスピーチについて，話の内容はもちろん「ペーパーを読み上げるだけではいけない」からはじまり，いろいろの個々の要素が加味されます。そしてスピーチの度に，今回はこの点を中心に評価すると明言し，そのようにします。その内容は毎回変わります。最初のころは「聞き手の顔を見て話しているか」「原稿を見ないで話しているか」などから始まります。少しずつ内容にも触れます。内容に触れる時は，学生がスピーチを終えたあと，私から質問をしかけます。「十分に根拠のある解答」になっていればＡですし，「今思いついたばかりの考えをしどろもどろに述べて，根拠が薄い場合」はＢやＣなどです。これには根本的な理由があります。

学生の意見の発表を聞いている時，私自身の弱点に気がついたのです。私は50年近く英語教育の場に身を置いていますので，学生から出された意見の弱点や薄さにはすぐに気づいてしまいます。そして，「何を考えているのか！」とすぐに反応してしまうことがあります。これはある時「危険だ」と気がつきました。意見の弱点や薄

さが目についてしまうと，私のその学生に対するコメントがどうしても否定的になってしまうのです。つまり学生の述べた意見の否定です。しかし，学生としてはそれなりに考えた意見です。それを否定するようなコメントばかりでは学生は「黙っていた方がよい」と思うのは当然のことです。

これは大きく考えると，異なる国同士の価値観を認め合えるかどうか，という問題にもつながります。違った国同士では違った意見があって当然である。これは異文化理解においては大前提となりますが，どうしても自分の国の価値基準からほかの国の価値基準を非難したくなるケースも多々あります。しかし，それでは話し合いは成り立ちません。違った価値基準を聞かされてもそれをすぐに自分の価値基準から判定するのではなく，ひとまず自分の意見を抑えて相手の言うことを理解しようとしなければならない。これが異文化理解の根本です。そこには「相手の意見をよく聞き考える」というプロセスが必要です。

そういう視点からすれば，学生が述べた視点を私が一方的に判定して「そこに客観的根拠があるか」と問われれば問題がないとは言えません。だから例えば一般的な弁論大会の場合など，３人のジャッジの点数を総合して評価の判定をします。この場合でも「その判定は個人の主観による集合ではないか，つまり主観の寄せ集めではないか」と言われればその通りですが，「それではどういう判定方法があるのですか」と反論された場合，納得できる解答はおそらくむずかしいのではないかと思います。

以上述べたのは少し極論でもありますが，私はこういうことを踏まえて，「今の私の学生たちの弱点は何か」「その学生たちの弱点を良い方向に持っていく評価は何か」に関心があります。だから常に評価基準は具体的です。つまり「ほとんどペーパーを見ないでスピーチした→B＋」「これはスピーチではなくて朗読活動ではないか→C」「聴衆である仲間の視線と目を合わせ，説得しようとする態度ジェスチャーもよく出ていた→A」といった調子です。

そして1つ1つのレベルに学生が達したら，次はもう1つ上の評価基準を示します。関西弁かもしれませんが私は「結果が出てなんぼ」だという気持ちで指導しています。一歩ずつ一歩ずつです。

：なるほど，よくわかりました。おはずかしながら私の授業でも「学生が自分の考えを述べることの指導」で即座に未熟だと言って，自分の価値判断で評価するのはいかがなものかという考えがありましたね。

：今まで述べてきたのは，ある意味で例えば2人の価値判断が正面衝突した場合，「それぞれによく聞いてみると理由がある」といったような場合ですが，複数の学生がいると，衝突している二者について，別の学生のコメントなどが出ることもあります。私はそれを歓迎します。学生自身も考え方の多様さを知ることになります。それで視野が広がります。それも良いのではないかという考えが強くなりつつあるのです。

6 結論を出さない教育

：つまり，あえて「結論を出さない」ということですよね。もう少しこれからの教え方を考えるためにお伺いできますか。

：ならば今後の英語教育，いやむしろ教育全体のために視野を広げておきましょう。最近しきりに私の感じることは，日本の教育というのは，どちらかというと到達点が決まっていて，そこに導くという方式ではなかったかということですね。行くべき到達点が決まっていて，そこに導くのが教育の仕事だ，というようなところがありました。

：私もそう思っていましたが，それではダメなんですか。

：そういう考え方も１つの流れではありますが，そうではない流れに，今の世界は流れだしているというところもあると思うのです。

：なんかピンと来ないのですが。

：では具体的に行きましょう。日本でも多くのテレビ視聴者をひきつけた，ハーバード大学のサンデル教授の白熱教室から例をとってみましょう。

ある時彼はアメリカで活躍する日本人野球選手，イチローの年俸が20億円，アメリカのオバマ大統領の年俸が4,000万円という数字を示しました。テレビ討論に参加したのはアメリカを代表する大学，日本を代表する大学，中国を代表する大学の３グループでテレビを通じての討論です。サンデル教授は「これは正義か正義ではないか」と問いかけたのです。あるグループからは「正義ではない」という意見が出ました。理由として「オバマは

核のボタンを握っている。彼の判断によって世界の核戦争は避けられている。今，世界核戦争が起これば人類に未来はない。水素爆弾の威力は原子爆弾の1,000倍とも言われている。そういう核のボタンを握っている大統領の人類への責任を考える時，オバマ大統領の年俸が4,000万円というのはどう考えても正義とは言いがたい」というような意見であったと思います。大変説得力があると思って私は聴いていましたが，他のグループから反論が出ました。「考えてもほしい。イチローのファンはイチローのバッティングを見たくて自ら入場料を払って入場するのだ。イチローの年俸は人々がそれを見たいと価値を認めての年俸だ。オバマ大統領の年俸はそうではない。我々の税から払われるものだ。イチローの場合と違う。そこを考えるべきだ」という意見でした。皆さんはどう判断しますか。私は大学院の院生（大部分現職の教員）に見てもらい，「どちらが正しいか」という問いかけではなく「サンデル教授のやり方の特徴は何か？」と問いました。はっきりした答えが出ないので，最後に私なりにまとめてみました。そのまとめは「サンデル教授は結論を出さない」ということです。サンデル教授のことばを次ページに示します。その方が彼の考え方を知るためには近道でしょう。

：少しずつですが，わかってきました。私は先生からもこの線に沿った激励文を見せていただいたことがあります。あれと似ていますね。

最高の教育とは
自分自身で
いかに学ぶかを
考えることである
——マイケル・サンデル教授（ハーバード大学）

：ではそれもお見せしましょう。これは断っておきますが，サンデル教授の言葉を聞く前に，私自身の考えをまとめてみたものです。

答えは
あなたがた一人一人の中にある
答えまで
人に任せるな
指示待ち人間になるな
自立とはそういうこと
生きる力とは
そういうこと

：そう言えば，PISA の学力の考え方を思いだしました。結論を教えるというよりは，たえず子どもにも生徒にも，自ら考えさせる方向でした。そういう教育を受けた人間の方が，問題にぶつかった時にでも，たくましいということなのでしょうか。

：その通りですね。一概には言えませんが，依然として結論を教えなければならない分野もあります。たとえば

NHKの大河テレビ「八重の桜」で有名になった会津藩の家訓に「ならぬことはならぬものなり」というのがありましたね。私もちょっと調べましたが「什(じゅう)の掟」の中にあるようです。

：「什」とは何ですか。

：藩士の子弟のグループをさすようです。什のメンバーは毎日寄り集まり，「什7か条」を暗唱したそうです。むしろ現在のようないじめで命を無くすような荒れた時には，こういう方向の教育も必要ですね。

：同感です。

7 自律学習の方向

：しかし，もう1つの大きなうねりも無視はできないと私は考えています。

：ぜひお聞きしたい。

：それは私の同僚の石川保茂氏や大阪国際大学の山本玲子氏が中心となって進めてきた研究に関係しています。まずここでは，簡単にポイントだけ述べましょう。ここ数年，SRLという考え方が少しずつ広がってきています。

：それは何ですか。

：SRLは「Self Regulated Learning」のことで，つまり自律学習のことです。早い段階から自分の学習の計画を自らたて，それに従って自ら学び，その結果を生かして自分の計画を改善しながら学び続ける人となることを目的とするものです。

：それは賛成ですね。でも心ある人は昔からやってきた

ことのように思いますが。

：その通りです。しかし一部の人ではなく学ぶ者全体を対象とするのが特徴です。しかも「小学校の高学年くらいから対象とできるのではないか」，ということです。スタートの時間軸も小学校から訓練して一生続くようにもっていくのです。

：生涯学習ですか。

：その通り。今は世界全体が知識基礎社会につつまれようとしています。そういう社会に生きる人間としては，一生学び続ける時代になってくるのです。ひとことで言うと，

> 自らの計画を立て，
> 進み続ける者は
> 一番遠くまでいく

ということです。これはいつの時代にも変わらぬ真理ではありませんか。自ら歩み続けるには何が必要だと君は思いますか。

：うーん，そうですね。「知的たくましさ」でしょうか。

：そうなんですよ！ではそういう人間を育てるには，どうすればいいんですかね。

：なんとなくわかってきました。つまり「ならぬことはならぬもの」という教育と合わせて，結論のない領域にファイティングスピリットを土台としてチャレンジしていく人間の育成ですか。

：もう結論は出ましたね。結論は生徒一人一人の頭の中

にあります。自らそういう世界にチャレンジできる人間の育成のための教育のあり方も含めて，新しい教育の展開をめざそう，ということです。

：私には結論が出ないというのは，何となく中途半端な気持ちがあったんですが，今までのお話を通じて，そこにある意味が頭の中で明瞭になってきました。

：結論を出さない教育の果たす役割をもっと認識すべきではないでしょうか。結論を出さない教育は，自分で自ら考え対応の方法を考えていく「たくましさ」を持った人間を育てていくのではないでしょうか。私なども古い時代の教育を受けて育てられてきましたので，自分が教える立場に立つと，なんとなくはっきりとした考えを示さないことに違和感を持つところはあります。しかし同時に，新しい方向はやはり必要である，と反省することもあるのです。

：先生でもですか。

：もちろんですよ。いつもの言い方でいくと「新しい教え方をするというのは，教師自身が変わること」です。

：よくわかります。

：ここからまた新しい問題が出ます。

　ここからの領域は，私にとっても未知の領域ですが，「結論を出さない教育は，教師がただ黙って結論を出さないでおくだけで機能するか」ということです。そういう訳にはいきません。今，共同研究で和歌山の教育センターとの試行が終わったところです。「まず小学生から自律学習者を育てるにはどうするか，どういう方法があるか」という問題です。もう少し結論が出たらまたどこかで報告したいと思います。そうは言いながら，私は矛盾を感じているのですが，「ここからはあなた方自身が考える領域ではないか。それが自律学習ではないか」と考えちゃうところがありますね。

：私には皆目見当がつかないのですが，少しだけでもヒントをいただけますか。

：学生時代の頃は，君はこんなに粘り強くなかったはずなんだけどね。ではちょっとだけ。

小学校の授業を見せてもらうことも結構ありました。一時期，小学校英語教育学会の会長だったものですから。多くの先生方は授業の終わりにその授業の「振り返りカード」というものを児童に書かせます。その中で一番多く見かけた問いは「この授業は楽しかったですか」という問いかけです。そして答えの欄に「とても楽しかった」「楽しかった」「まあまあだった」などと書いてあって〇印をつけるようになっている。

ある時の研究会である中年の女性の先生でしたが，自分の授業をビデオで見せたあと，ニコニコしながら「振り返りカードで『とても楽しかった』と『楽しかった』で80%近かったのでまあまあかなと思いました」とおっしゃって，言外に自分の授業は成功だと匂わせておられました。私は「この授業で生徒にはどういう力を身につけたのか」と心の中で思っていました。

：なるほどよくありそうな光景ですね。

：たとえばこういう場合，教えた生徒に「楽しかったか，楽しくなかったか」ということを聞くのはやめにして，全く別の角度から自分の行った授業について問うてみたらどうでしょう。たとえば，「今日の授業でわからないところはありましたか」と聴いてみる。最初の頃は生徒

の反応も出てこないかもしれないが，そういう目で子どもが授業を見るようになると，時間が経つにつれて少しずつ反応が出てきます。ここが勝負です。そこで次の質問で追いかけます。「わからないことがあった時，あなたはどうしていますか？」と問う。こうなると生徒は授業を見る目を，少しずつ自分で育てるようになります。そこでまだ教師は手を休めません。「わからない時，どうしたらよいと思いますか」とさらに追い込む。その方法を考えてもよくわからない場合もあるでしょう。そういう時は，例えば次の項目に○をつけさせてみる「先生に聞く」「ともだちに聞く」「家の人にきく」「そのほか」。小学生でもこの項目を考えはじめている時には，すでに自分の学習の計画を自分で考え始める第一歩に入っています。これはもはや自律学習への一歩を踏み出していることになりませんか。

：なるほど。私は中学で教えていますが，自分の授業でこういう種類の質問をしたことはありませんでした。

：私は前にも申し上げたように，小学校で教師生活のスタートを切りました。今述べたような枠組みとは少し違いましたが，「自分の授業について生徒に聞く」というのはささやかながらやってましたね。中学校や高校でも試みました。もう50年も前のことでしたが，そのことは，私が書いた最初の本『英語を好きにさせる授業』（大修館書店）の第１章から第４章の内容になっています。

：ええ，そうなんですか。それは知らなかった。

：新卒の頃もその後も，私はずいぶん研究授業をやりました。正直に言いますと，「やりました」というより「やらされました」というのも多かったと思います。先

生方は，その授業を見においでになります。授業後のベテランの先生方のコメントは，さすがに役に立つことも多かったです。しかし彼らは授業については，間接者にすぎないのです。

：え？　間接者？

：そうです。直接者は私の生徒です。彼らは直接私の授業を受けています。先生方と違って教科書の内容を熟知しているわけでもありません。先生方は教科書の内容も熟知しています。過去に何回か他の先生方の授業も見ています。それから，形成された一定の考え方の枠組みも持っています。それも結構です。しかし，私は私のような新米の教師が，自分なりの考えに沿って，その教材に初めて触れる直接者の「生徒」の意見を聞こうとしたのです。

：先生すごいですね。そういうことに気がついたとは。

：イヤすごいなんてことはありません。ただ，生徒のための授業をしたい，と必死だっただけです。

：私も中学の授業で，私の授業について「直接者の意見を聞く」という先生の考え方の視点から見直してみたいと思います。

：ここでちょっとまとめましょう。

★ここがポイント

今までの日本の教育は，どちらかというと結論が先にあり，それを理解させ覚えさせようとした。実はPISAでトップをとったフィンランドもかつてはそうであった。しかし生徒自身に「なぜ」と考えさせる方向に大きく教育のシフトを変えた。その結果，フィンランドはPISAでトップとなった。フィンランドではすぐれた企業の育成という国家目標のために従来の上意下達方式から大きく舵を切り替えた。世界の大きな価値環境の変化の中では，今までやっていたことだけをただ繰り返しているだけでは置いてきぼりを喰らう。今そういった教育環境の中で知的にもたくましい人間を育てる時に来ている。そのための教え方もこれからは必要である。

：先生には，学生時代からお世話になっていますが，こうやって何年か経ってお会いすると，そのお考えがまた前へに進んでいるようです。先生はどうやってこういう発想にいたるのですか？

：君の質問も常にレベルアップしていますね。私が研究会に出かけて，いろいろな指導法のワークショップをすると，皆さん熱心に取り組んでくださいますが，「どういうところからそういう発想なさったのですか」と質問されたことは一度もありませんね。

：そうですか。それはわかりました。それでどういうところからそういう発想をなさるのですか。

8　小さな実践と大きな発想

：君の質問自体もますます粘り強くなってきたね。こうなったら避けて通れませんね。では，次の記事を見てください。私は橋本五郎氏（『読売新聞』特別編集委員）の書かれたものはできるだけ眼を通すようにしています。これは2013年８月10日の解説の出だしです。

> ジャーナリストに求められるものとは何だろうか。
> 「神は細部に宿る」との信念のもとに，徹底して細部

にこだわりながら，しかし決してそれにとどまることなくそのことの持つ意味を大きな観点から問いただしていくことではないだろうか。

私はこれを読んで少しびっくりしました。別のところで私はおおよそ次のように書いているからです。

「英語を教えることの成否は，実践の細部に宿る。その正しい方向は大きな英語教育の目標に宿る」と。そしてこれを講演で示したりしてきているからです。もちろん私の書いたものは橋本氏の書かれたものよりスケールはずっと小さいです。しかし，底を走っている philosophy に共通点があるのではないか。そう思ったから橋本氏の書かれた上の文がピンと来たのだと思います。

：なるほどねえ。大きな話については，今まで先生から直接お聞きしましたし，また「どう教えるか」という細かい方法論，技術論の前に「それは何のために行うのか」という先生の言う philosophy にもつながる話ですよね。それについてもなぜそうなのかいつかお尋ねしようと思っていたんです。

：それでは，もう少し話しましょう。前にも述べましたように，私の Fact Finding 型，Inferential 型，P.I. 型の発想は，小学校の教師としての担任の時に考えたものです。その頃は Fact Finding とか，Inferential とか，P.I. とかいう用語は知りませんでした。しかし今考えてみれば P.I. 型を生徒から引き出そうと努力はしていたんですね。それを英語でもできるのではないかと思ったのは，小学校の 3 年や 5 年の国語の授業でできるものなら，高校の英語の授業でできないはずはないと考えたか

らです。小学校では自分の考えを述べはじめるとほぼ同時に，友だちの中にもいろいろな考えがあることを知るようになります。それをわかろうとする心，これこそ異文化理解のスタートのスタートではありませんか。生徒はこの活動を通して考え，授業にいつの間にか自ら積極的に参加している。これは他者理解のはじまりであり，そして異文化理解のスタートだと思います。時折，私の考えないようなことを述べた生徒もいましたから。

：私の目からすれば，これは従来の教師対生徒の interaction だけでなく，生徒対生徒の interaction にもなっていますね。

：そういうことです。こういうことを通して彼らは異文化理解にいたる道に踏み出すのです。

：なるほど。これは広い。先生の考え方はそういう風に広がっていったのですか。私は異文化理解というのはどっちかというと国と国との間だと思っていました。

：イヤ，私はそういう風には考えていません。「異文化理解とは自分と違った考えの人を理解しようとすること」だと考えています。そう考えると，クラスの中にも異文化があることがわかります。生徒はまずは家庭の文化を背負って学校にくる。学校に来たら男の子の文化がある。女の子の文化がある。そして先輩の文化や後輩の文化がある。運動クラブでは特にそれが厳しいようです。そういった中で生徒一人一人が柔軟な行動ができるように自ら訓練する必要があります。そうでないと「いじめ」の頻発にもつながりかねません。どうかすると命を落とすことにもなってしまいます。そういう身近なところから国際的な対立にいたるまで異文化理解は影響を及

ぼしていると思います。

：なるほど，そういうことですね。これは私にも eye-opening な考え方です。そう言われれば私自身，結婚して５～６年経ちますが，今考えてみるとお互いに愛情はあるのにしょっちゅう細かいことも含めて家内と衝突する。これは夫と妻が別々に育てられた家庭の文化を，それぞれが当然と思うところから衝突が起こるんですね。今の話を聞いただけでも，自分のパートナーについて，もっと広い理解が必要だと思いました。異文化理解で夫婦円満を目指します。

：私からもお願いするよ。なにせ私は君たち夫婦の仲人なんだから。何だ，ちょっと待ってくださいよ。英語教育から少し話が離れてしまいましたね。この辺で少しまとめてみましょう。

9　少し長いまとめ

質問の作り方をどうするか？
―質問の３つの作り方―

① Fact Finding 型
② Inferential 型
③ Personal Involvement 型（P.I. 型）

＜これからの方向＞

できれば，③ Personal Involvement 型で，自分のコメントや感想なども述べられる生徒をつくろう。それによって教材は生徒にとっても今までと違ったものとして迫ってくるであろう。

今まで述べてきたことをまとめると，次のようになります。

① **Fact Finding 型→初級編**

これはすでに説明したように「誰にでもできる英語の授業」ということに重点を置いた教え方である。教科書から適当な文を抜き出し，その文を対象として英問英答を繰り返す。解答も抜き出した文の中にすでに用意されている。質問の種類も生徒が主に Yes / No で答えられるように配慮されている。今まで英文和訳を中心にやっていた先生方にも簡単に取り組めよう。この段階では，十分に英問英答に生徒を馴れさせるのが目的である。このことのために時間は十分とった方がよい。どれくらいの時間をとるかは生徒の力を一番よく知っている先生方の判断で決めればよい。

② **Inferential 型→中級編**

ここでは黒板に書いた１つの英文から離れて，いくつかの sentence を対象とした英問英答の練習となる。やり方としては Fact Finding 型からある日突然，全部 Inferential 型に持っていくのは避けたい。

これを図に示すと次のようになる。

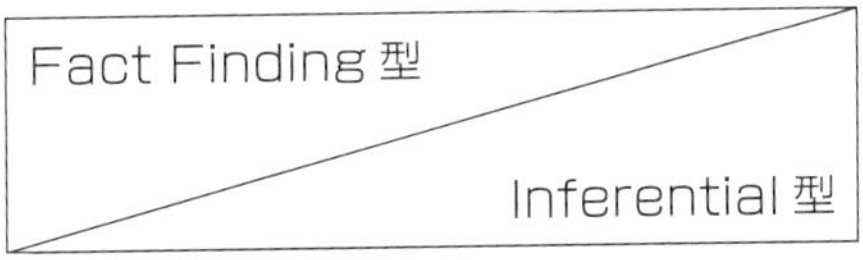

Inferential 型は教科書の中に答えがない場合もある。そこで生徒は推測するという頭の働きが要求される。少しずつ，少しずつ生徒がこのやり方に馴れるように持っていく。実際の授業では，この部分は中級編がメインを占めるであろう。生徒が Inferential 型に馴れるまで十分時間をとった方がよい。

③ Personal Involvement 型→上級編

この型は，「自分の考えを英語で述べられる生徒の育成」ということを狙っている。これからの英語教育の方向として私は位置づけている。しかしいきなり英語で自分の意見を問われても生徒が簡単に答えられるとは思えない。そこで私の提案は，その前段階として当日学習したページの中から「自分が一番大事と思った文」「自分が一番共感した文」「自分が生きていく上で役に立つと思った文」などを教科書の中から選ばせることである。これなら生徒にとってもそれほどむずかしいことではない。しかしそういう文を選ぶためには改めて教科書の文を深く読むことが要求される。「意味をとる理解」から「内容を読み取る理解」へと生徒を導いていくのである。

最初の頃は2，3の生徒に，読んで選んだ文を板書させ，その理由を皆のまえで発表させる。その時は最初の説明は日本語でもよい。しかし説明の中の1つの文だけは英語で述べなさい，というようにしていく。それを少しずつ増す。次の段階は例えば説明の文のうち2文を英語で述べさせる。step by step で英語に近づけていく。生徒はここで自分の考えを英語で述べることにチャレンジすることになる。writing の指導も，今までのように与えられた日本文を英語に直していくだけではなく「自分の考えを英語で述べる」という主体的な活動に変えていく。この段階が軌道に乗り出すと，生徒の中には，本当の意味での英語好きが生まれてくる。その授業の段階で生徒が知的に格闘する時が出てくるので，それは歓迎すべきである。最後の段階から振り返ると次ページの図のようになると思われる。

最後に，P.I. 型については次のような大きなメリットがあることを確認しておきたい。P.I. 型本来のやりとりは，その場で意見を求められて，それに対して答えることのできる力につな

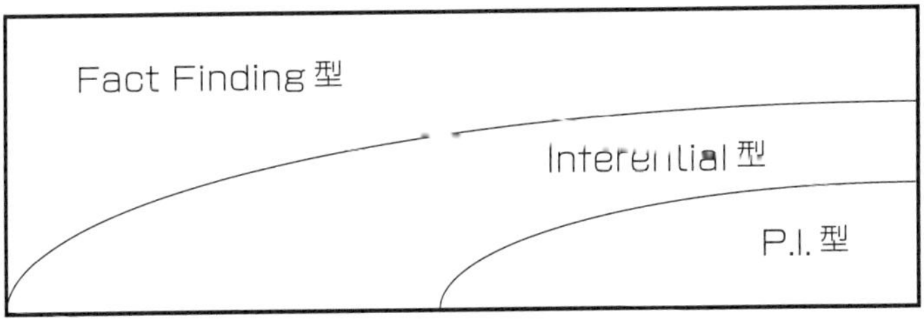

がってくる。ここまで成長してきたら，生徒の英語の力はホンモノになりつつあるということ。なぜなら即席で答える英語は前もって頭の中で準備した英語ではない。したがって，その生徒の真の英語の力を示していることになる。ここから discussion や debate の授業につながっていく。

④　まとめ

さてこれまで，「英語で進める英語の授業」について述べてきました。スタートは英語の単文を対象に英問英答をすることで，英語の文を理解することでした。そこでは「誰でも」手をつけられるということを第一に考えました。そしてそれに慣れたら複文にステップアップしていきました。そのやりとりを質問文の形から Fact Finding 型，Inferential 型と定義し，最後にそのさらに発展形として P.I. 型を示しました。P.I. 型については，今まで英語の授業の中ではあまり手をつけていない分野であると思います。しかし，英語の授業を英語の文の解説という意味での「意味理解」だけではなく，内容に迫る「内容理解」へという新しい方向へシフトしていくためにも，P.I. 型は，今後必ず英語の授業に取り入れていかなくてはなりません。それに至る道にはさまざまな工夫も必要ですが，P.I. 型を目指すことにより，生徒が真の英語力を身につけ，国際社会で活躍できるようになることが期待されるばかりでなく，指導にあたる教師自身にも，新たな英語を教えることへの生き甲斐をもたらすことでしょう。今から10年位経ったとき，自分の考えを英語で述べることが普通になっていることを私は望んでいます。そのためには自ら学ぶということを身につける必要性も示したつもりです。

最後に，次の記事でこのまとめを締めくくりたいと思います。この記事は，当時の英語教師に広く読まれていた英語教育月刊誌『現代英語教育』（研究社：1999年３月号）の最終号に掲載されたものです。

あなたは一生文型指導屋で終わるつもりなのですか

あなたは一生文型指導屋で終わるつもりなのですか。

ある婦人がむなしさを感じて言います。

"What we do seems no more than a drop in the ocean. It does not seem to make any difference."

それに対して，Mother Teresa は静かに答えます。

"The ocean is made of drops. If that drop were not in the ocean, I think the ocean would be less because of that missing drop."

あなたは，これらのことばを生徒に教える時何を教えますか。「The ocean is made of drops. は受身形だ」などと言い出すのですか。「If that drops were not in the ocean, は仮定法」などと言うつもりですか。英語はことばです。ことばは書いた人の心がこもっているのです。こんな簡単な英語を連ねながら，とても深いことを言っている。それをどうして伝えようとしないのですか。

"I have a dream." はＳ＋Ｖ＋Ｏの文型だなどと言うつもりですか。"Love is action." はＳ＋Ｖ＋Ｃの文型だなどと言って片づけるつもりなのですか。

キング牧師が "Even if people hurt us, we must hurt no one. We must have the courage to refuse to fight back. We must use the weapon of love.” と語りかけるとき，このことばこそ，まさに「キレる，ムカつく，ナイフを振り回す」私たちの目の前の中学生に伝えるメッセージではないのですか。

これは，私の書いた英語教育の原点の１つです。しかし，心を熱くする文があったからといって，それだけで授業ができるわけではありません。

私たちは英語教育の教師です。英語だけを教えるのなら，わざわざ「英語教育」と言わなくても良いのではないでしょうか。

P.I. 型授業の実践（山本玲子氏の場合）

P.I. 型のすぐれた実践を展開している教師はすでにおられる。山本玲子氏（大阪国際大学）である。彼女はつい最近まで京都教育大学附属小中学校（小中一貫校）で小学校で英語を教え，中学校で英語を教え，そこでの研究の中心的役割を果たされてきた。彼女の著書に『子どもの心とからだを動かす英語の授業』（青山社）がある。一部紹介してみよう。彼女の生徒はジョン・レノンの *Imagine* を授業で聞いたあと，次のように書いている。

The song “Imagine” has a strong message to people all over the world. I hope someday the world will become peaceful just as John Lennon wished. And I think we all have to think about peace.（同書，11頁）

山本先生の言葉も紹介しよう。

どういう授業をめざすのか

私自身，この授業実践を通して，何度も心を動かす体験をしました。最初は平和学習を通して，次に沖縄への修学旅行を通して，そして最後に，子どものライティング作品を読むことを通してです。私の目や胸のあたりはそのたびに熱くなり，情動が大きく動くのを感じました。そして確信したのです。私は，こんな授業をもっともっと作りたいのだと。つまり，「子どもの心とからだを動かす授業」です。

(中略)

このライティング指導で使ったインプットは，学校行事という実体験を中心として，ほとんどが日本語でした。それなのに，英語でのライティングの成果につながりました。このことからわかるのは，子どもの心とからだの感覚は，どのことばを使っているかという区別はなく，もっと深いレベルにあるのではということです。つまり，すべてのことばに共通した能力のようなものがあるということです。そんなお話にも触れていきたいと思います。

第II部

「英語で授業」を支える基礎・土台

1 新出単語の指導
——英語の基礎は単語の定着から

1 はじめに

ここからは「英語で授業」を支える基礎工事について述べていきます。基礎工事ですので「英語による英語の理解」を支えるために大切な項目ばかりとなっています。ここから各自，項目をひっぱり出して，普段の授業のレベルアップに役立ててほしいと思います。

第I部を読まれた方は，英問英答をするためにとりあげた文の中に「生徒の知らない新出単語」があったらどうするんだろう，と思われた先生方もいらっしゃるに違いありません。当然の疑問です。例えば，Because of this, they often get infections through cuts on their feet. という文をとりあげた場合，infection の意味がわからなかったら，生徒は英問英答をすることができません。この問題から考えましょう。

2 flash card 方式の利点

まず，新出単語の導入としてすぐ思いつくのは，flash card だと思います。英語を教えた経験の長い先生なら，「flash card とは，随分古典的なやり方を持ち出してきたな」と思われる方もおられることでしょう。しかし，若い時にflash cardの作成と使用の仕方に熱中した私としては，捨てがたい利点をいくつか持っている，と今でも思っているのです。パーマー賞をとられたベテランの先生方のflash cardの利用法を拝見したこともありますが，利用の幅を広げて有効に使っておられることもあって，さすがと思いました。利用の仕方を覚えれば，flash cardはいつでも力を発揮してくれます。しかも準備にそれほどの時間を必要としないのも嬉しいところです。

今の時代は，電子黒板をはじめとする新しい方式がどんどん開発されています。そういうIC機器の目の覚めるような鮮やかな使い方が，研究授業や学会で発表されたりします。私はそういう方向での教材作成は，業者の開発力もあって，まだまだ発展すると予想しています。そういう方向も先生方には進んで学んでほしいと思っています。

しかし，「どうも機器を使っての教材作成やパソコンを自由自在に操ることは苦手だ」と言われる声なき声の先生方は結構多いものです。(私もその1人であり，勉強中なのですが。）ここであえて私がflash cardをとりあげるのは，flash cardの使用がもたらす教師と生徒の間の温かな人間関係のぬくもりに注目しているからなのです。

例えば，私が黒板にチョークでflash cardの横にブタの絵を描いた時は，その絵が下手でおかしくて生徒たちは大笑いをしました。私が「図工はいつも落第点すれすれだったんだから勘弁しろ」などと言うと，さらに笑いが起こりました。その時私が感じたのは，青年教師である私に対する生徒の「温かさ」でした。弱点は人間だから誰にでもある。そして，そういう弱点はそのままにして良いこともある。逆にそういう先生のことを生徒は卒業してもずっと覚えているようです。

とにかく笑いの起こる教室の中からは，いつのまにやら英語嫌いが少しずつ減っているということです。教師が弱点をさらけ出す場面では特に，英語が苦手な子どもも乗り出してきたりするのです。業者などの作成する絵は，いずれも垢抜けしていて，なかなか笑いなど起こりません。卒業してだいぶ経った同窓会でも，当時の生徒が未だに「先生は絵が下手やったなあ」などと言って人を笑い者にしています。その笑いは温かいので，私は全然気になりません。むしろ私もその雰囲気の中で心地良いのです。

ある一時期，私は動詞を絵にすることに熱中したこともあります。名詞を絵にしたのはいくらでも見つけられましたが，動詞を絵にしたものはあまりなかったからです。（動詞を絵にした方がわかりやすいのですが。）この辺までくると flash card は文字だけでなく絵の分野まで入ってきます。しかし，いずれにしても私の絵は下手なのだから，生徒に笑われても，反論の余地はありません。その時また感じたのは，むしろ教師というのは1つ位不得手なものがあった方が生徒は親しみを感じるということです。教師というのは，生徒の前で完全であろうとするようなところがないでしょうか。しかしそんな必要はないのかもしれません。先生方も一度こういうことを考えてみませんか。

3 flash card 方式導入の準備

既に述べたように，生徒が新しい教材に初めて出会った時に，その英文の中に自分で意味のわからない単語があっては，その文の意味は理解できません。そこで，新出単語の意味理解は順序として，本来の目的である「英語による英語の理解」の一番前のスタートとして位置づけられる学習活動になります。ここからすべてがスタートするということです。本書で最初にお話しした初級編の対象となる生徒は，教室にくる前に新出単語の意味を調べてくるという学習習慣をもっていないレベルです。

ではflash cardの利用による新出単語の導入のやり方に入りましょう。教材は *MY WAY English Communication I*（三省堂）の“Shoes for a dream”の21ページの部分です（本書p.12参照）。

Before Takahashi came to Kenya, she looked forward to the children's smiles. In fact, the story was not so simple. In Kibera, some children run around in bare feet. Because of this, they often get infections through cuts on their feet. They sometimes even suffer from serious diseases. Takahashi realized that children really needed shoes. Takahashi said, "In Japan, we buy new shoes when our old ones don't fit us. I never questioned this before. For me, shoes were a tool for victory, but for children in Kibera, shoes are 'life'. Thanks to shoes, the children protect themselves and save their lives."	bare infection(s) suffer serious disease(s) realize(d) fit tool victory themselves

まず，その日学習する教科書21ページを開かせ，新出単語をマーカーさせます。マーカーの色は経験上，黄色がよいようです。黄色で染めると，染めた後でもこの単語がはっきりと見えるからです。(薄い網かけの部分が実際には黄色になります。)

この作業は生徒が短い時間でやりとげることができます。なぜなら教科書の右欄に新出単語が示されているので，それを本文の中から探してマーカーするだけの作業だからです。ここでの目的は，このページで「10個の新出単語を学ぶのだ」ということを自らマーカーを持って塗り潰しながら確認することです。

念のためですが，この段階では生徒は新出単語の発音も意味もわかっていません。

bare	裸の
infection(s)	感染症
suffer	苦しむ
serious	深刻な
disease(s)	病気
realize(d)	実感する
fit	(寸法など) 合う
tool	手段
victory	勝利
themselves	彼ら自身

次に flash card の作り方です。これは純粋に教師の仕事であって生徒に要求することは何もありません。上のようなカードを用意します。左側はそれぞれの英単語のスペリング，右側はその意味を示しています。私の場合は，右側の意味は朱で黒板に書きました。高校の英語教科書には，中学校の教科書のように巻末に新出単語の意味は掲載されていないので，教師の方で文脈から考えて適当と思われる訳を1つだけつけます。文房具屋さんに行って大きめの厚紙を買い込み，適当な大きさのカードに切りました。適当な大きさとは，いつでも教室の後ろの生徒にはっきり文字が見える大きさのことです。

4 flash card 方式の進め方(1)――英問英答へつなげる

ここからはこのカードを教室に持っていって実際に教える場面での使用法となります。思い起こしてください。第Ｉ部の初級編は，スタートにあたって１つの文を対象とした英問英答で始まりました。しかも，「教師」対「生徒」のＱ＆Ａでした。

ここで加えて申し上げますが，そのＱ＆Ａに使う文は，「新出単語を含む文」にします。その順序も「教科書の中の新出単語の順番」とします。こうすることによって英問英答をする最初の文をどれにして，次の文をどれにするか，などということが自然に決まってくるのです。そして，その単語の flash card は順番に黒板に貼っていきます。

：この順番のもう１つの意味がわかりますか？

：え～と，そのようにしますと，新出単語を story の順に生徒に教えることになりますよね。

：正解です。具体的に行きましょう。

教科書の最初の新出単語を含む文は In Kibera, some children run around in bare feet. です。文を見てわかるように bare 以外は多くの生徒にとってなじみの単語ばかりでしょう。この文について教師と生徒が英語で Q&A を繰り返すことになります。そのプロセスで bare の意味を生徒の頭の中に沈み込ませるのです。こうやって10の新しい単語の意味を見せながら10の英文について英問英答を繰り返すということになります。

：しかし先生，今の説明はよくわかりましたが，考えてみれば bare についてはこの文のＱ＆Ａの前には発音も意味もまだわからないのではありませんか？

：「意味」の方は黒板の flash card の横に書いてあるので生徒はいつでもそれを見ればわかります。

：発音の方はどうでしょうか。何回くらい発音させれば良いと先生はお考えでしょうか。単語の指導には「単語の意味をわからせる」と「その単語の正しい発音をマスターさせる」というのがありますね。

：その通りです。君も鋭くなってきましたね。

：学生の頃はそんなこと気がつかなかったのですが，やはり現場で毎日教えていると気になります。

：それは良いことです。今，その話をしようとしていたところです。最初から説明しますと，まず bare のカードを教室に持っていって，教室の前の中央に立って flash card を胸の高さくらいに掲げ教師が[bέə*r*]と発音してみせます。その後生徒にはコーラスでリピートさせます。

：そこですね。私の質問は何回くらいコーラスさせたらよいかということです。

：結論から言いますと，それは生徒の力をよく知っている先生に任せます。

：任せるんですか。

：これから私の言うことが，成功か不成功の鍵を握りますよ。

：ぜひお伺いしたい。

：指名ですよ。

：指名？　生徒に指名して何かやらせるあの指名ですか？

：そうです。つまり順序として

(1)　全体で repeat させる。

(2)　個人の生徒を指名して発音させる。

というやり方によって君の質問「何回くらい単語のコーラスリーディングをやったらよいのか？」に答えることになりますよ。

：どうやってわかるんですか？

：まず，コーラスリーディングのあと，クラスでも発音のよい生徒を最初に指名するのです。だいたいはよく発音してくれますので，これは「仲間による発音モデル」という位置づけとなります。２人目は中くらいの生徒を指名します。その生徒の発音を聞きながら，まずまずの時はクラスの大部分は読めると見てよいでしょう。次はあまり発音の得意でない生徒を指名します。その生徒がスムーズに読めない場合は，その生徒もふくめてゆっくりとリピートさせます。発音の得意でない生徒もまずまず読めるようになったら，この活動は終了して次の仕事にかかるというわけです。

：なるほど。私などは，そんなことを考えもせず，その時の気分で指名していました。指名１つとっても教師なりの戦略があるわけですね。

：そうですよ。それに大切なことがもう１つあります。

：それもお願いします。

：この単語のコーラスの前に「あとで１人ずつ指名して発音してもらいますよ。指名はだれのところにいくかわかりませんよ」と宣言しておくんです。

：それは何のためですか。

：知的緊張感をもって「１人１人，次のコーラスリーディング練習に本気で取り組むように」させるためです。

：こんどはわかりました。コーラスリーディングのあと

指名されるとなったら「それは自分の番かもしれない」と思う。みんなの前で恥をかきたくない年代ですから，自然に単語のコーラスリーディングに熱が入ります。

：今のやり方は単語の練習のためだけでなく全ての学習活動で応用可能ですよ。

：応用範囲は広そうですね。

：もうご存知のとおり，指名の与える効果は知的緊張感です。知的緊張感のあるクラスは「ピーン」とした空気につつまれています。私はよく授業を見ますが「ダラー」としたクラスかどうか，生徒をまず観察しますよ。「ダラー」と「ピーン」では1年で2つのクラスの間に英語の実力の差が大きく出てきます。

：なるほど，それはそうですね。そう考えるとどう指名するかは，おろそかにはできない問題ですね。

：私の口ぐせ「授業の成功は細部に宿る」です。また，もう1つ言っておきます。君はいい質問をしてくれました。その質問のおかげでそれに続く私の考えを引っぱり出すことができました。

：ああ，そういわれれば，そうですね。

：私の最終目標は「質問のできる生徒を育てる」ということです。質問をするということは，その質問に対する教師の答え方によって質問した人の考えを広げ，理解を深めるのにとても大事だということです。これもかつて中学や高校で試したことがあります。うまくやると授業は全く新しい展開を示すことになりました。

：それもお聞きしたい。

：でも今日はこの辺にして次へ進みましょう。flash card の説明中でしたから。指名論についてはまたあと

で論じてみたいと思います（詳しくは本書第II部第２章参照）。

：楽しみにしています。

：ところでどこまで話しましたっけ。

：新出単語の順にその新出語を含む英語の１文について，教師と生徒の間で英問英答を繰り返し，結局英語の文の理解を英語で進めるというものです。その中での flash card の使い方でした。

：君，私よりまとめ方がうまいね。君にこれからまとめを頼もうかな。

：冗談はよしてください。私はただ先生の言われるように教室に帰ったら忠実に実践してみようという目的があるので一生懸命メモをとっていただけです。

5 flash card 方式の進め方(2)――意味のある対話へつなげる

：さて，ここまでで flash card の使い方第１段階は終わりです。ここから第２段階に入ります。第１段階が終わったあとで，黒板は次のようになっていますね。

(1)	bare	裸の
	In Kibera some children run around in bare feet.	
(2)	infection(s)	感染症
	Because of this, they often get infections through cuts on their feet.	
(3)	suffer	苦しむ

They sometimes even suffer from serious diseases.

(4) | serious | 深刻な |

They sometimes even suffer from serious diseases.

(5) | disease(s) | 病気 |

They sometimes even suffer from seriousdiseases.

⋮

(10) | themselves | 彼ら自身 |

Thanks to shoes, the children protect themselves and save their lives.

：ここでまた疑問が出てきました。

黒板に書かれたこれらの文字と flash card を見ていると例えば，(3)〜(5)の文は

They sometimes even suffer from serious diseases.
They sometimes even suffer from serious diseases.
They sometimes even suffer from serious diseases.

とみんな同じ文で，３つの新出単語が１つの文に出てますね。そうすると新出単語の数に合わせて３回質疑応答を繰り返すのですか。それとも最初の新出単語 suffer だけの質疑応答を繰り返しただけで良いのですか？

：１回で済まそうとするのはまずいですね。３回繰り返す必要があります。

：どうしてですか？　１つの文に新出単語が３つあったとして，その３つの新出単語の質問の答えはみんな
They sometimes even suffer from serious diseases. になるわけで，これを機械的に繰り返していれば，３つと

も練習は間に合ってしまいませんか。だからわざわざ繰り返す必要はないように思います。

：それは違うよ。例えば最初の質問 Who sometimes even suffer from serious diseases? と聞かれて，生徒は多分 They sometimes even suffer from serious diseases. という答えをするでしょう。では次の質問 What did they sometimes even do from serious diseases? と聞かれたらどう答えますか？

：こんどもやはり They sometimes even suffer from serious diseases. が答えになりませんか。そうであれば，新出単語が現れるたびに質疑と応答を繰り返す必要はないということになりませんか。毎回同じ文を繰り返していれば正解になるわけですから。

：言葉のやりとりの深さというものを君はまだ考えていませんね。今は文字だけで質疑を見ています。しかしコミュニケーションには音声が伴うでしょう。そうしたら書かれた答えは同じでも，その音声となれば，その中の一番大切な単語 suffer が少し強調されての音声が答えとなるのではありませんか。

：アッ，わかりました。実際の会話では感情とか心というものが大きな役割を果たす，そういう働きを私は考えていなかったんですね。

：それでは次の質問に音声で強調するところをやや強めて答えてみてください。

Who sometimes even suffer from serious diseases?

これに対して，強調すべき表現を最初にだしてまずそれを述べます。やりとりをわかりやすくするために質問から示すと

教師：Who sometimes even suffer from serious diseases?

生徒：They.

もう一歩進めれば，They は Some children in Kibera です。文として full sentence で答えさせる前に Some children in Kibera をその部分だけ言わせます。生徒の声は次のようになります。

生徒：Some children in Kibera → Some children in Kibera sometimes even suffer from serious diseases.

このようにして，full sentence で答えさせます。

：なるほど，こうしてまず，答えの中の最も中心となる部分を考えさせ，その部分だけを意識的に最初に発音させるのですね。そしてその強調部分を入れた full sentence として Some children in Kibera sometimes even suffer from serious diseases. と続けるのですね。

：これで実際のやりとりの音調に近い発音に近づけます。生徒は単なる文の繰り返しではなく，実際のやりとりの音調を考えながら対話を進めるようになるのです。

：そうですか。これでやりとりはいっぺんにレベルアップしますね。たしかにここまで持ってくると，生徒の脳は活性化しますね。しかし私の生徒を考えますと，大丈夫かなという気も少ししますね。

：大丈夫です。

(1) 新しいことをやるときにはなぜそうするかを生徒に納得いくまで説明する。

(2) そしてその練習もきっちりさせる。

この2点さえ守っていれば，生徒は一歩一歩階段を昇っていくんですよ。ここで，今までのやり方を最後にまとめておきましょう。

教師：Who sometimes even suffer from serious diseases?

生徒：Some children in Kibera. と答えたあとで Some children in Kibera sometimes even suffer from serious diseases.

続いて次の新出単語へのアタックです。

次の新出単語への質疑応答

教師：What do they sometimes even do from serious diseases?

生徒：Suffer. They sometimes even suffer from serious diseases.

教師：From what do they sometimes even suffer?

生徒：Diseases. They sometimes even suffer from serious diseases.

：こんどの先生の説明で，質問の仕方が違うと答え方も違ってくるというのがわかりました。それから，教師の質問に対して，まずその答えとなる部分を本文の中から取り出して最初に答えるのですね。例えば，上の例だと Some children in Kibera を最初に答えるわけですよね。これが実際の生きた会話というものですよね。こういう音調上の強調というものも，ことばを教える教師として見逃してはいけない，ということですね。文字にしたら同じでも，音声で答えたら１つ１つの質問によって心の持ち方がはっきりと違うということですね。先生の話を

聞いて自分の今までの考えはまだ底が浅かったということに気がつきました。

：では，最後にポイントをまとめます。

★ここがポイント

(1)　生徒をよく見てその反応から学び続ける。
(2)　それにしたがって教え方を変える。
(3)　教えることの効果は細部の実践の上に宿る。
(4)　生徒にたえず知的プレッシャーを与け続ける。

---

flash card 方式の英問英答
3つのメリット

1.　「機械的リピート」──→「意味のあるやりとり」へ

2.　質問された答えの部分を強く読む指導──→音声への配慮

3.　新出単語を実際の場面で使わせる指導
──→その単語の復習にもなる

6　新出単語の訳は1つだけでよいのか

：もう1つ質問があります。10の新出単語の訳ですが，1つ1つの単語にはいくつかの意味があると思うのです。「1つの訳」ずつしか与えられていません。例えば serious などというのも文脈によっては「まじめな」とか「油断ならない」とか「すばらしい」とか色々な意味の広がりがありますよね。そのへんのことも少し触れなく

てよいのでしょうか。

：私はその考え方には反対です。

：え？　どうしてですか。

：ちょっと短い私の体験を話しましょう。私はbirdというのは中学以来「鳥」だと覚えていました。10年ほど前ですが，ある文を読んでいて「bird＝鳥」としてしまうとどうしても意味が通じないのです。そこで身近にあった『グランドコンサイス英和辞典』（三省堂）を開いてみました。たしかに鳥というのは最初に出てきましたが，その後に次々と別の意味が出てきたのです。「バトミントンの羽根」や，「年寄り」「素敵な人」「変人」「若い女性」「かわいい女の子」「飛行機」「ヘリコプター」「ミサイル」等々きりがありません。この例は極端かも知れませんが，中学生や高校生にその時必要とされている単語の意味以外の意味を教えても，まず覚えきれません。そういう負担はかけない方がよいのです。それよりも，ある文の中で果たしているその単語の意味の役割を１つだけしっかりと身につけてもらいます。そして，その同じ単語が別の文で別の意味で使われたら，こんどはその意味をそこで習得してもらうのです。

図にすると，１つの単語の意味理解は，その単語の新しい意味に出会うたびにどんどん広がっていく，つまり，○がどんどん大きくなっていく，これがよいのではないでしょうか。私が高校の時のある英語の先生は，単語に興味があったのか，時々単語の意味についてうんちくを

傾けて語られていました。しかし，私はそういう話をほとんど覚えていません。教師の趣味を一方的に生徒に押し付けるのは止したいですね。それで私は「ある文脈で果たす適切な訳１つを習得させる」主義なのです。

だいたい私自身，英語の教師を長年やっていたにもかかわらず，必要があって『グランドコンサイス英和辞典』を開く最近まで，bird にこんなにたくさんの意味があることなど知らなかったのです。私の頭では，１つの単語に出会った時に，その時に必要な意味以外の意味まで覚えているようなスペースはありません。生徒諸君も同じでしょう。私はずっと「１単語＝１つの意味」を原則としてきました。その単語にある別の意味が必要となった時は，その時に新たに覚えればよいというルールでやってきましたが，この方がよほどすっきりとして脳に残ります。

：よく分かりました。そういわれると，私も何となく肩の荷が降りたような気がします。これなら余計なことを考えずに私もできるかな，という感じがします。何となくすっきりしました。

：それでは次に進みましょう。

：ちょっと待ってください。まだ質問があります。

：そうですか。この頃，君からは次々と質問がでてきますね。

：忙しい先生のことですから，会った時には色々聞いておこうと思って，この手帳に質問することを箇条書きにしてあるんです。

：そうですか。それで次の疑問は何でしょうか？

7 生徒が忘れた単語はどうするのか

：私の生徒は，新しい単語を１回見た程度で，そのあと永久にその意味を覚えているという生徒はほとんどいないんです。前にたしかに出てきた単語もしょっちゅう忘れています。こういう場合，何か方法はありますか？

：だいたい，一度ある単語を見ただけでそのままずっと覚えているなどという人間はいませんよ。そのことは特に教師は頭に置かなければなりません。

：「特に教師は」というところが気になります。

：じゃあ説明しましょう。例えば中学校の先生は普通何クラスくらい担当していると思いますか？

：３クラスか４クラスじゃないでしょうか。

：教える教科書は何種類くらいでしょうかね。

：２種類くらいじゃないでしょうか。

：私の時は新卒の頃，１年担当で４クラス，教科書の種類は１種類でした。

：それ，単語の指導と何か関係があるんですか？

：大ありです。単語だけの話ではありません。かつて若林俊輔先生（元東京外国語大学名誉教授）は，「先生っていいね，同じ教科書で４回も教えられるんだから」と言われましたね。

：それどういう意味ですか。

：若林先生はそのあと「最初のクラスでは新しいページの指導のための練習，２つ目のクラスでは教え方はかなり慣れてくる。３回目は油がのる。４回目は飽きる」と言われました。私は聞きながら別のことを考えていましたよ。教師は同じ教材で４回も教えられる，つまり，４

回も教材を目にすることができるのです。しかも教える立場だと，習う立場よりもっと深く頭に沈みます。こうなると生徒がわからなかったり，覚えていなかったりすると，教師の「何でこんな簡単なことがわからんのだ症候群」が出はじめるのです。私はかつて中学校で「質問のできる生徒をつくろう」と努力していました。私のクラスの生徒は，休み時間，職員室にいる他の教科の先生にも質問しに来るようになりました。その頃，私の同期に数学の先生がいましたが，「なんでこんなことがわからないの」とこっちまで聞こえるようなハイトーンの声で言うのです。職員室全体にその声が聞こえましたよ。その生徒は二度とその先生のところへ質問しには来なくなりました。

：わかりました。教師は４回も同じページを教えている。しかも自分の専門の教科です。だから教えることはすみからすみまでわかっている。ところが，生徒にとっては常に初めてなわけですね。わからないのはあたりまえだ。私も注意しなければなりませんね。ことばに出さなくとも，心の中で「なぜそんなことがわからないのか」と思ったことは，正直なところ何回かあります。

：それはどこでも見られる現象ですよ。ここまでわかればあとの途は開けます。「私も中学や高校で学んだ単語なんかで忘れてしまったのは結構あるんだよ。だから遠慮しないで質問していいんだよ」とクラスに向かって時々話しかけるのです。そして忘れた単語があれば，わからない単語と同じく扱えばよいのです。忘れた単語が出たら単語のスペリングと意味を書いて，リピートさせます。ただし違うところが１つあります。

：それは何でしょうか。

：意味については覚えている生徒もいるはずですから，そういう生徒に手を挙げてもらって書かせた方がいいのです。もう１つ言いたいことがあります。

：それもお願いします。

：一度忘れていて，もう一度思い出したものは，単語にせよ他のことにせよ，初めて習って覚えようとする時に比べてずっと記憶に残り，こんどは忘れにくくなるということです。

：それなら体験的にわかります。誰かの名前を紹介されながら忘れてしまった場合，２回目にその人の名前を教えてもらったら，もう忘れませんね。

：その通り，そしてこのやり方の成功のためには，なによりも「忘れることは自然なことだ。恥ずかしいことでもなんでもない。忘れたら聞けばよいんだ。そして覚えればいいんだよ」という教室の風土を作る努力をすることでしょうね。私なんかも年賀状を出す人の名前はわかっていても，人数が多いものだから，時々その人の顔を思いだせなくなってきてしまいました。これは中学生や高校生の話ではなく，75歳を過ぎてからの現象ですので，生徒と一緒にはできませんけどね（笑）。

：え，先生はもう物忘れをするようなそんなお年だったんですか。私はまだ60代だとばかり思ってました。

：オイ，君，おだてたってなんにも出ませんよ（笑）。
さて次に行きましょうか。

：まだ質問があります。

：君も頑張るなあ。

：句の指導をどうするかということです。

8 句の指導

：君から指摘を受けなければ，うっかり忘れるところでした。では簡単に触れておきましょう。

：よろしくお願いします。

：単語というのは文字通り「1つの」という意味の「単」がついていますから，ここまでは1つ1つの単語の指導の仕方を話し合ってきました。それに対して句というのは，「2つ以上の単語が結びついて一定の意味を表す存在」といってよいでしょう。今，学んでいる“Shoes for a dream”の21ページ（*MY WAY English Communication I*，三省堂）から句を引っぱり出すと次のようになります。

look forward to ～　～を楽しみにして待つ。
in fact　実際には
*in bare feet　裸足で
because of ～　～のために
　→ They were late because of an accident.
*get infections　感染症にかかる
*cut　切り傷
suffer from ～　～に苦しむ
　→ I suffer from a bad cold.
thanks to ～　～のおかげで
　→ Thanks to my friends, I enjoy my school life.

この教科書には，句とは言えないが，教科書の理解の助けになりそうな連語の解説も載っています。上の例では，アステリスクがついたものがそれです。教科書執筆者の思いやりであろうと推測します。以下，アステリスクのついたものを「思いやり解説」，それ以外を「句」と分類して，話を進めていきます。

私は，この指導は次の3段構えが良いと思います。

<u>第1段目</u>

教科書の欄外の「句」と「思いやり解説」の両方を本文の中に見つけさせてマーカーさせる。

<u>第2段目</u>

欄外の英語の部分を教師のあとについて chorus で読ませる。意味の部分は黙読させる。

<u>第3段目</u>

「句」については，新出単語と同様，flash card に記入して教師について chorus reading のあと，黒板に貼る。あとは新出単語の指導と同じ扱いである。教科書本文の1文ずつのQ＆Aをやっている間もたえず生徒が意味を確認できるように黒板に貼っておく。

「思いやり解説」については，黒板に書いておくだけでも良いし，「句」と同じ扱いにしてもよい。

：「句」だけを flash card にして「思いやり解説」と別扱いにする意味も念のために聞いておきたいのですが。

：もう君も推測していると思いますが，「句」の方はこれからの英語学習の中で何回も出てくる可能性があるのです。だから新出単語の場合と同じように flash card に記入して生徒諸君の記憶に沈めようという意図です。

：よくわかりました。

：「句」の方は最初から flash card に書いて準備しておくのは可能ですよね。しかし忘れた単語については何が出てくるかわからないからその予想はできませんね。黒板は次のようになります。

新出単語	意味
新出「句」	意味
「思いやり解説」	意味
忘れた単語	意味
忘れた句	（意味）

9 英単語ノートの作成

：これからが大事なところになります。それは生徒に単語に興味を持たせると同時に，記憶にも沈めるための予備作業です。

まず黒板の現状ですが，今の状態は下図のようになっています。

黒板

flash cards

[単語] [意味] Q and A に使う英文＿＿＿＿＿

[単語] [意味] Q and A に使う英文＿＿＿＿＿

[句] [意味] Q and A に使う英文＿＿＿＿＿

[忘れた単語] [意味]

私はこのあと，それぞれの生徒に小さくてよいので，授業のノートとは別に「単語ノート」を準備させます。このノートには，その時間で黒板の左側に書かれた単語と意味を授業の最後に全部記入させます。5分もあれば書き終わります。ここまで来て単語の学習は一応終わりです。

10 自律した学習者を育てるために

：この項目が一番重要です。ここからは生徒を自ら学ぶ学習者にするためのプロセスになるからです。

：今までのところよりも重要なのですか。私もいろいろと質問したのですが先生の方からまだあるんですか？

：今までのそれぞれのステップが，単語指導の上で重要ではないとは言いません。しかし，これから述べること

貴方がたが，大学を卒業して一歩社会に出たら

そこは競争社会だ

今から準備をしておこう

大学	→	半分守られている
高校	→	守られている
中学校	→	守られている
小学校	→	守られている

貴方がたは，小学校，中学校，高校と先生や両親に基本的に守られてきた。守られ度は三角形のように先細りになる。いつまでも守られる気でいるなよ。大学の時は，社会に生きていくための準備をする時だ。

社会で頑張るには

1．自分でやっている仕事について，学び続けること。
2．自分の職場において，自分の担当分野のエキスパートになるための勉強をすること。

を抜かして，「自ら力を伸ばす生徒の育成」をしたことにはなりません。これからがすぐれた教師になれるかどうかの分かれ目ですよ。

：それでは是非お聞きしたい。

：唐突ではありますが，前のページの表を見てください。

前ページでお見せしたのは，私が英語を教えている大学生に配布したもので，すこし変更すれば中学生用や高校生用に直すことはそんなにむずかしいことではありません。応用問題として，自分の教えているクラスのレベルに合わせて直してみてください。「新出単語の指導の仕方と配布したハンドアウトに何の関係があるか」と思われる先生方も居られるかもしれませんが，「関係は大あり」なのです。英語を自分のものにするためには，与えられたことをこなしていくだけではだめなのです。自ら学んでいかなくてはなりません。このハンドアウトには自ら学んでいくためのいわば動機について記載しました。単語１つをとっても自ら学ぶ者と与えられたものだけをこなす者では，その差は歴然としています。

現在，社会全体が知識基盤社会の方に大きく動いています。そこで将来生きるためには，今までにも増して１人１人が「学び続ける社会」に適応していかなければならない時代になりつつあります。身近な例を見ても，社会人になっても英語を学び続ける人間がじわりじわりと増え続けています。それは昔のように趣味のための学びではありません。働いている会社の中でいつ「あなたは英語ができますか？　英語のできない人は私の会社にはいりません」と言われてもおかしくない時代なのです。実際にユニクロの代表取締役会長兼社長（2015年現在）

の柳井氏はそう言いました。仕事は違っても，人は多かれ少なかれ一生学び続けなければならない社会に生きることになります。生涯学習時代はもうとっくに来ているのです。これからの社会に生きるためには，自ら自律した学習者になる必要があります。いつの時代でも自らの学びを計画できる人間は，一番効果的に前へ進むことができます。それを身につけるためには（人のことばを借りて恐縮ですが）「今でしょ」です。そういう話を，時には生徒にしてみませんか。

★ここがポイント

自ら進もうとする者は一番遠くへ行く

：先生もうひとつだけ聞いていいですか。

：どうぞ。しかし本当に君はよく質問するようになりましたね。これは自ら学ぶ人間になっているということですよ。

：いつも感じるのですが，単語の指導ひとつとっても，小さなところから始められたようですが，やがてはもっと大きな枠組みの中でのお話になってくる。そこで聞いてみたいのですが，こういう発想はどうやって出るのですか。はじめからそういうスケジュールを考えて，スタートなさるのですか。

：そういうことがないとは言えないと思います。

しかし実際には，ある意味で小さなことを思いつき，それを少し授業で試してみるところから始まるのです。やってみたことが，みんな最初から思い通りにいくわけではありません。試行錯誤で行ったり来たりです。途中であきらめた試行も，もちろんあります。そういうくり返しを，時を経た今の時点で振り返ってまとめてみると，今皆さんにお話ししているような多少統一をとれた形になってくる，というのが本当のところです。

：う～ん。なるほど。そして形になったものを，私たちに提供してくださるというわけですね。しかも教室の実践で少しでも前に進みたいと考えている教師にわかるような形です。正直，なにか少し感動を覚えます。

：そんなにほめないでください。参考までに，関西英語教育学会の会長をさせてもらっている時に，学生の修士論文等の合同発表会を行ったのですが，これはそれについての呼びかけとして，私がLET関西支部と大学英語教育学会関西支部に送ったものです。

> 今若者が
> 合同論文発表会にむかって
> 力を集結しようと
> 頑張っている
> その松明が
> 赤々と燃え上がるように
> 力をかしてやろうでは
> ありませんか。
> 後からを押してやりはげます
> 力が必要です。
> 力強く押してやろうではあり
> ませんか

こういう呼びかけに，お忙しいながらも，多くの先生方が集まってくれました。学生の指導のために，一切の講師謝礼もなく，お昼の弁当の準備の予算もない中，当日集まった先生方に私は静かに心の中で感謝するばかりでした。

私は私なりに，先輩から受け継いだ英語教育の灯を，次の世代に渡さなければならない，といつも思っていますが，その思いはこういう形でも示せたかと思います。

その灯を受けついでくれる，あなたがたが私の希望の星なんですよ。もうこの年になると「いつもこの本が私の最後のメッセージかな」と思う気持ちで書いているところはありますね。

：なんか今日は先生のことばが身に染みます。でも先生，私たちも頑張りますから遺言みたいな言い方はしないでください。

：ハイ。「老いては子に従え」ですね。

それでは簡単にまとめておきましょう。

★ここがポイント

中学生に入った時期から将来を見通す表を見せて考えさせる価値はあると思う。意図は「ひとり立ちできる人間」である。ひとり立ちできるようになるにはひとりで学べる人間でなければならない。すでに述べたように，社会は知識基盤社会にとっくに移行しつつある。いかなる仕事につこうとも「学び続けること」が必要である。そして自ら学ぼうという意欲を持つ者が，一番自己をレベルアップすることにつながる。それは小学生から一生変わらぬ真理である。教師も例外ではない。そういう話を時折中学生あたりから，授業のなかにでも話してみてはどうか。単語の学習においても「人から与えられる」→「自ら調べて学ぶ」段階に移行させる時，こういう動機づけは力になると考える。

：ここまで来たら，私はもう少し自分をさらけ出しておこうと思います。実践の努力を続けるためには，時に自分を叱咤激励しなければなりません。この歳になると他人は何も言ってくれないので，時には「オイ，お前何やってんだ」と自分で自分に言うわけです。そんな時は自分で自分を時折鞭打たねばなりません。鞭打つといったって物理的にではありません。心の持ちようです(笑)。私も英語を通してことばの教師の端くれですから。いくつかそのことばを紹介します。

先生方に贈る言葉

「ああしまった。生徒のためにこのことを
もっと早くからやっていれば良かった」
あなたがそういう反省をすることが，
時に応じてあるとすれば
あなたは大丈夫
まだ進歩の可能性がある
健闘を期待する

★ここがポイント

方法を習ったら　その時しか使えない
方法を考える力を習得したら　一生使える

前進
転んだっていいんだよ
がんばって
起きあがれば
いいんだから
大切なのは
前に進むのを
止めないことだ
えいじ

（2014年の私の年賀はがき）

私は，時に応じて書いていた自分の語録を一冊の小さな本にまとめて2004年に自費出版したことがある。まとめて研究室に置いたが，人に差し上げたりしているうちにもう残りがほとんどなくなった。

不思議なことだが，自分の体験としては何かに苦しんでいるときにことばが出てくる。悩みのない日からはことばが出てこない。

私は留学時代，ハワイのイーストウエストセンターで２年間過ごした。ハワイは１年間何かの花が咲いているような感じである。そしておだやかな蒼い海と空の下である。ここでは哲学は生まれないのではないか思ったことがある。哲学的な思考は極寒の地，ソビエトのような厳しい地で思考したドストエフスキーのような人間から生まれてくるのではないか，と思ったのである。このへんは私の単なる想像にすぎないが，それに比べると私たちの日本は四季に恵まれ，春も秋も豊かな色彩を見せてくれる。そうかと思うと津波などの大きな自然の脅威がやってくる。色々な思考のできる所ではかろうか。

2 指名論
——効果の上がる指名の仕方

1 指名の仕方：第1ステップ

「指名論」とは，なにを大げさなと考えておられる方もいらっしゃるかもしれません。しかし，効果的な授業で生徒に力をつけるためには，おろそかにできないと私は考えています。

：先生は，いつでもそうなんですが，私たちが明日からでもすぐ授業で使えそうなやり方を提示してくださいます。ありがたいことです。ところで生徒に指名して答えさせる方法についてのサジェスチョンをまだお示しになっていません。自分のクラスを考えてみても，いくらやさしくても，英語の質問にすぐさま英語で答えてくれる生徒ばかりとは思えません。この辺をどうするかについて，何らかのサジェスチョンをいただきたいのですが…。

：ああ，そうでしたね。君に言われなければうっかり忘れるところでした。君の言う通り，生徒はそのままにしておいては教師の質問には快く答えるということにはなりません。

そこで，指名についてきちんと考えてみましょう。

指名の仕方：第１ステップ

(1)　やさしめの質問を準備する。
(2)　生徒の座っている順番に指名して答えさせる。

○メリット―この方式ですと，次の質問は自分に回るということがわかります。したがって，その生徒は心の中で質問に対する準備をして，あらかじめ答えを考えます→その結果授業がスムーズに進みます。

×デメリット―順番が回ってきた生徒しか答えを考えなくなってしまいます。つまり40人いても極端な話，次に指名される生徒１名だけが答えを真剣に考えているわけです。後の39人は「どうせ自分には指名されないから」とのんびりしてしまうのです。

このデメリットにもかかわらず，私は最初は順番方式をとりました。その理由は，次の２点です。

(1)　今まで英語の時間に先生の質問に答えたことがなかった生徒でも，答えるのが当たり前だという習慣を形成するため。

(2)　クラスの授業がスムーズに進むため。

：先生，私のクラスでは，こちらが質問しても「わかりません」と当然のことのように言って，答えない生徒が出てくるんです。そうすると，その生徒にならって「わかりません」「わかりません」という生徒が続出するのです。これでは授業がこちらの考えたように進まないのですが…。

：よくわかります。

：それでどうしました？

：私は考えました。これでは授業が成り立ちません。答えない生徒に対して，「お前はなんで答えないのだ」と対決していては，教室の雰囲気は悪くなるばかりですよね。それは，私もかつて全く同じことを経験しましたから，よくわかります。あの，「わかりません」のいやな雰囲気。――教師と「わかりません」と言った生徒が両方立ったままで，まるで西部劇のガンマンどうしが対決しているような感じですよね。教室の雰囲気もマイナスの方向にどんどん悪くなりますよね。私も未熟でした。自分の気持ちだけが先走って，なんとかして答えさせて，自分の考えた授業の方向にもっていこうとしていましたね。これでは生徒は英語が嫌いになるばかりですよ。

：それでどうしましたか。

：最初は，答えない生徒がいて，その生徒が「わかりません」と言ったら，私は「では次の生徒」と言ってしまっていました。一度「わかりません」を許すと「わかりません」「わかりません」が連続して出てきます。これでは授業が成立しません。問題は「わかりません」という回答を許さないことだと思いました。

：でもどうするんですか。目の前の生徒は「わかりません」と言って，教師の方も向かずにふてくされているんですよ。

：どうやら君も私と同じような生徒と対決した経験があるようですね。私はね，「この質問は他の人に答えてもらいたいのではないんだよ。山田君，君に答えてもらうための質問なんだよ。だから今から答えを考えてくれよ。あと３，４分たったら，もう一度この同じ質問を君に答えてもらうために戻ってくるから」と言いました。

ポイントは「わからない」と言っている生徒に答えを**考える時間を与えた**ということです。でないと，「教師の質問」→「生徒『わかりません』」→「教師『なんでこんな簡単な質問がわからないんだ』」と答えまで待っていると，教師と答えない生徒とが対決して，すでに述べたように雰囲気はどんどん悪くなるばかりです。「これはいかん」と，その頃の私も思いましたよ。したがって，「これは，私が君に答えてもらいたい質問であって，他の人に答えてもらう質問ではないんだ」を徹底しましたね。

授業は通常のペースでそのまま進めていきます。そして数分たったら，さっき質問した生徒のところに戻ってくるのです。それでも答えられなかったら，また何分か後に必ずその生徒への質問として再々度戻ってきます。質問された生徒は，中学生くらいになるとプライドもありますから，そうそう「わかりません」ばかり繰り返していられなくなりますよ。

私は予定通り授業をその間に進めているわけですが，その生徒の行動を（さりげなく）見ていると，まず，真剣に答えを考えるというステップがきます。それでもわからない時は，まわりの生徒に助けを求めていましたね。こっちも武士の情けです。助けを求めているのは見て見ぬふりです。そしてタイミングをはかって，さっきと同じ質問を生徒に向けます。そうすると，なんとか正しく答えますね。私はおおげさなくらい大きな声で，「よ〜し，山田君正解！」とジェスチャーつきでほめましたね。その時の山田君のホっとした顔は今でも忘れられません。

ここが突破口でした。「齋藤先生は与えた質問には必ずその当人に答えさせる」この先生は「わかりません」では通用しないということを徹底させよ，ということです。こういう私の態度を見ていて，「わかりません」と言う生徒は激減しましたね。授業が進めやすくなったのは事実です。

：なるほど，私はその辺いい加減でやってしまっていました。気合いが足りませんでした。授業はある意味で闘いなんですね。

：そうですよ。戦略を持った闘いです。

：なるほど。戦略を持った闘いですか。私はまだ徹底していないなぁ。

：君は大丈夫ですよ。必ず何かをやれる人です。こうやってずっと私に付き合っているくらいですから。

：先生，おだてないでくださいよ。

：はい，はい。ただ問題はこれだけでまだ終わってないんです。

2 指名の仕方：第2ステップ

：えっ？　まだあるんですか。

：先ほど挙げたデメリット，つまり，私の質問に対して，答える順番にあたっている生徒しか答えを真剣に考えないというデメリットです。つまりその時，脳を働かしているのは１人だけなんです。

：ああ，そうでした。

：ここでもう一歩レベルアップが必要です。ここまでのところで生徒が私の質問に答えるのは当たり前だと自然に考えるようになりました。そのためには2か月くらいはかかりましたね。そこで次のステップです。

：どうするんですか。

：順番方式で答えることが割合スムーズになってきた頃合いを見計らって，私はこう宣言しました。「今までは順番通りに質問していましたが，明日からはそれをやめます。その代わりat randomに指名します」とね。これが「第2ステップ」です。

：生徒の反応はどうでしたか。

：「ひゃあー」とか「きゃぁー」とか「うっそー」とか言っていましたよ。とにかく今までは答える順番が決まっていたので，順番が回って来ないときには，一応安心していました。ところがat randomになると，行き当たりばったりの無作為抽出ですから，いつ自分が指名されるかわかりません。指名という矢がいつ自分に向いてくるのか，見当がつきません。

：先生，そのat random方式は何かメリットがあるんですか。

：大ありですよ。

順番方式→次の生徒しか真剣に答えを考えない。

at random→（極端に言うと）40人学級なら40人全部が答えを考える，ということですよ。40人全体の脳を動かすということが大事ですよ。

：ああ，そうか。

：これにはテクニックが必要です。まず最初に，教師の方から質問を出します。それから，一通りゆっくりと生徒を見渡すんです。このポーズで，「俺に（私に）質問の矢が来るのではないか」と，できたら全員に思わせま

す。まずこのポーズがモノを言います。そして，窓側の生徒を指名するようなふりをして，いきなり廊下側の生徒を指名したりするのです。

：なるほど。

：考えてもみてください。

順番方式→１人の生徒しか答えを考えない。極端な話，１つの脳しか動かさない。

at random 方式→40人いれば40人の脳を動かす。

Aという先生は１年中，順番方式で授業を行うとします。

Bという先生は１年中，at random 方式とします。

どっちのクラスの力が上回ると思いますか。

：それは at random 方式でしょうね。当然ながら。

：こんな簡単なことでA先生とB先生の担当するクラスとでは，テストの平均点なんかが違ってくるんですよ。これは at random 方式を実験した私の体験です。

：そうですか，いいことを聞きました。明日から at random 方式でやってみます。

：しかし，あんまり焦ってはいけません。at random 方式が有効に働くためには，順番方式の段階で「先生の質問には答えるのが当たり前」という状態を作っておかなくてはなりません。それから at random 方式に行くんですよ。そうでないと，クラスに行っていきなり at random 方式をやっても混乱を招くだけですからね。

：ああ，そうですね。

：それからさらに at random 方式を有効化するためには，まず「質問する→生徒を見渡す→指名する」という順番が大切です。多くの英語の授業を見せてもらっていますが，「指名する→質問」という手順が多いのです。

この段階でもう駄目です。指名を先にすれば，指名された生徒しか答えを考えないでしょう。それでは順番方式と同じなのです。

：本当ですね。

：周りの先生方の授業を見て，指名の仕方を観察してみて下さい。「指名する→質問」の手順が結構多いですよ。特に ALT は指名から先に入る人が多いですね。

　ところで，at random 方式にはまだ問題点があります。ある時，そのことに気がつきました。このやり方では，教師が指名する生徒に偏りが出てくるのです。教師が「授業をスムーズに進めるには，ここであの生徒に指名すればうまくいく」などと無意識のうちに考えちゃうんですね。

：先生は，大学の先生なのに，なぜそんな細かいことに気がつくんですか。ちょっと不思議ですね。

：私は小学校，中学校，高校，大学，そして大学院でも教えてきました。結果論ですが，そこでの体験です。このことに気がついたのは，ある女子高校で教えていた時です。女子高生はそういうことに敏感なんですね。「あの先生は○○さんばかり指名する」とか，逆に「私にはさっぱり質問しない」とか，「あの先生は△△さんの方ばっかり授業中見てる，好きなんと違うか」とか。その前に男子校でも教えていましたが，女子校は全然違うんですよねぇ。

：それでどうしたんですか。

：生徒に宣言したのです。「これからは，質問に答えてもらうごとに，「一丅下正正」と書いて君たちの質問の回数を記録する」と。結果において，みんな平等に指名

するためです。しかし卒業する時にある生徒に言われましたよ。「先生の指名の仕方には at random と言ってもなんとなく規則性がある。その規則性に従って見ていると，3分の2は次に誰が指名されるかわかる」と。津田塾大にストレートで入った優秀な生徒でしたがね。

：そういうことがあったんですか。

：私は虚をつかれて「そうか，参考のためにその規則性とやらを教えてくれんか？」と言ったら，その生徒はニコッと笑って「後輩のために企業秘密です」と言ったものです。今でもその時の勝ち誇ったような笑顔を覚えていますよ。

：へえ～，そうなんですか。

指名の仕方：第2ステップ

⑴ 生徒に質問する。
⑵ ポーズを置いて生徒を見回す（考える時間を与える）。
⑶ 生徒を at random 方式で指名する。

<注意点>
・「教師の質問には答えるのが当たり前」という状況をあらかじめ作っておくこと。

3 質問のできる生徒をつくりたい
——コミュニケーションのできる生徒をめざして

1 教師への質問の時間

：私は卒業前に私の授業について書いてもらうことにしていました。1つは私のやったことで下級生にもやってほしいこと，2つ目はもうやらなくてもよいことです。その時，「at random 指名方式は下級生のためにやった方がよい」と書いた生徒が結構いましたよ。その頃は，授業中にこちらから生徒に相当の数の質問を発していました。いわば，教師からの質問を中心とした授業です。しかし，本当はこれを逆にしようと考えていました。

：逆ってどういうことですか。

：教師から生徒に質問するのを逆にする，つまり，生徒から教師に質問するということですよ。

：なんでそうなったんですか。

：生徒がかわいそうだったからです。私の質問にさらされて答えようとすることで，授業は確かに活性化しました。生徒も私の質問に頑張って答えようとしているのですが，やはり限界がありました。どうしてもわからなくて，答えられないというところが出てくるんですよ。それに何の手も打たずに，「さあ，答えろ」だけでは気の

毒ですよ。

：なるほど。

：そこで授業が始まる前に，その日の範囲でわからないところを前もって「教師に質問する時間」というものを設けました。「君たちも，私に質問されてばかりいるけど，なにかコメントはないかね」と聞いてみた。代表的な意見は「質問中心の授業になってから授業の前の予習はずいぶんするようになりました。なにせ答えられないとイヤですから。しかし，予習していてもわからないところがあります。それはどうしたらいいんですか」というものでした。

：なるほど。

：そこで，授業の前，つまり私が生徒に質問をする前に，逆に「教師への質問の時間」というのをとることにしたのです。

：それで，生徒は教師に質問しましたか。私のクラスなら「質問ないか」と言われても，手を挙げたりすれば「なんだ，あいつ。ええかっこして」と友だちに白い目で見られたりしかねません。

：それはよくわかります。しかし，「教師への質問の時間」を設けるまでには，段階を踏んでいるのです。思い出してください。まず，生徒は「先生の質問には答えなければならない」というプレッシャーに相当期間，さらされました。ことばはよくないかも知れませんが，彼らは「教師の質問に答えなければならない」という意味で，共通の被害者意識のようなものを共有していましたね。そこで，私はこんな風に言いました。「みんなの質問を聞いていると，結構共通しているところがあるね。つま

り１人の質問は，その人だけの質問ではなくて，みんなを代表しているんだよ。だから堂々と質問していいんだよ。」

：なるほど。

：しかもみんな，「先生の質問には答えなければならない」というプレッシャーを受けているのです。そのため，「わからないところは質問しておきたい」という同じ立場にいるから，誰かが手を挙げても，その生徒を特別視するということはなかったですよ。だいたいわからないところが「何もない」ということなら，わざわざ授業に出席する意味がないじゃありませんか。もともと質問があるのは当然なんですよ。

★ここがポイント

「教師への質問の時間」を設けたことのメリット

→質問をしたい素地が生徒に十分にできていたと確認できたこと
→生徒からの質問を聞くことで，今，生徒がどういうところがわからないか，的確に把握できるようになったこと
→その上に立って，授業を展開することによって，より一層生徒にわかる授業にすることが可能になったこと

：以上がポイントです。

ある高校で，１年を教えた次年度に３年担当になったことがありました。つまり，私が教えていた生徒は２年になって別の先生の担当になったわけです。たまたま，その生徒の１人と話す機会があったのですが，「今度の先生の授業になったら，よくわからないんです」と私に

訴えてきました。生徒が質問できる雰囲気ではなかったようです。こんなことは，新たに担当した先生のためにも言うべきではないのかもしれませんが，もう40年も前の話です。本書を読んでくださっている先生方には，「教師はたえず生徒から学べ」という姿勢を忘れてほしくないと思います。

：肝に銘じます。

：またある時の英語科のミーティングで，先輩の先生（当時私はまだ30代でした）が，「今年の私のクラスは生徒がよく質問してくる。この学校も長いが，こんなことは今までなかったことだ。実にいいクラスだ」と頬を紅潮させて言われていたことがありました。その先生は，真面目ないい先生で，生徒の質問に「どう答えたらよいか」を工夫することに教え甲斐を感じておられるようでした。そしてその生徒たちは，私が別の教科書で教えていた同じ生徒たちなのです。あの頃は２人の英語教師が別の教科書で同じクラスを教えるというのは普通でしたから。私の方のクラスで，生徒はいつの間にか，英語の授業は先生に質問ができる時間ということが身についたようでした。仕掛けたのは私ですが，英語科のミーティングの隅の方でその話を私は黙って静かに聞いていました。

2 質問のできる生徒とは

まず，次の図を見てください。色々な学校の授業研究会に呼んでいただいた時に気がついたことをまとめてみたものです。

（図1）

ALTの方が生徒に廊下などで積極的に話しかけている，ということを表しています。ALTの方は，生徒にやさしくゆっくりと話しかけます。その話しかけが左向きの矢印です。いくつかやさしい英語で話しかけますが，それはALTから生徒への一方的な話しかけで終わってしまい，生徒からALTへのお返しの矢印はありません。

こういう状態は授業中の活動の中でも時折見かけます。廊下などでも見受けられます。生徒からの返事がないとコミュニケーションは成り立ちません。沈黙です。話しかけが相互にあって，コミュニケーションは成立します。私はこういう状態を次の図2のような状態にもっていかれないものかと考えました。

3回に1回でも生徒から質問があれば会話は続行する。ということは生徒からすれば「より多く聞き，より多く話す」ということになる。これはコミュニケーション能力の向上のスタートにほかならない。

（図2）

図2では，生徒とALTの矢印は質問を介して双方向に出ています。カギは質問なのです。そこで私は，質問のできる生徒を作ろうと考えました。

どのようにして質問のできる生徒を作るか，という話は次の項に譲るとして，質問のできる生徒を作ることのメリットを次にまとめます。

質問のできる生徒を作ることのメリット

質問ができるということは，質問の答えが理解できるということも意味する。一方的に質問するだけではなく，相手の答えを理解し，さらに相手から質問があれば，それにも答えることができるということである。
　こちらからの質問は，前もって用意することができるが，相手からの回答や質問は，予測不可能である。覚えている文を繰り返すだけでは対応できないので，即興で答える必要がある。
　つまり，質問のできる生徒を育てるとは，答えもできる生徒を育てることであり，これは本当の意味でのコミュニケーション能力を持つ生徒を育てることにつながるのである。

　私は今，大学生に「質問のできる大学生になれ」と仕掛けています。学生から学生に質問が出始めると教室は俄然活気づきます（眠っている学生などいなくなります）。これは全員を知的活性化に導く非常によい道であると私は思います。

3　質問できることの重要性を説明する

　では，どのようにして質問のできる生徒を作るのでしょうか。それについては，指名論のところでも少し述べましたが，そこでは指名の仕方について述べることが主目的でしたので，ここでは質問のできる生徒を作るための方法論について，もう少し詳述したいと思います。

・問題提起
　今まで述べてきた，質問のできる生徒を作るところから本当のコミュニケーションの能力が伸びるのだということを生徒に説明し，納得させることが第一歩である。

：まず，先生はどのように生徒に話しかけたのですか？

：え，そこまでは考えていなかった。じゃあ，思いつくままに述べてみよう。私はアメリカ留学2年目の夏，ニューヨークにいました。夏休みの時ですけどね。

：ニューヨークですか。またどうしてニューヨークだったのですか？

：目的はコロンビア大学です。コロンビア大学で提供する英語の教え方を知りたかったんですね。そのクラスは私の予想通り，ほとんどがヨーロッパからやって来た成人の大人でした。イタリア人とかドイツ人とか non-native speakers of English の人たちです。これからアメリカに住んでそれぞれの目的や仕事をはじめようという人です。日本人も1人いました。日立という会社から派遣されてきたようです。私の留学していたハワイでの英語教室というのはほとんどがアジアからの人ですが，ニューヨークではきっと学生となる人種はハワイと違うだろう，それを自らも生徒として参加してみたいと思ったんです。私はI House（International House）というところに部屋を借りて住んでいました。いろいろな国の学生がそこにも居ましたね。

ところで私のハワイで親しくしていた友人がある日曜日，私のところに訪ねてくるという連絡をしてきました。彼の専門は agriculture でした。彼は私と仲が良かったのです。そして，「せっかくのニューヨークだからどこかへ行こう」となりました。彼が「榮二さん，国連へ行きませんか！」と言うので，行くことになりました。I House から国連まではそんなに遠くではありません。

さて，国連ですが，行ってみてわかったのですけど，日曜でも開放していました。やはり私たちのような訪問者が結構いるのですね。国連にもそういう人を案内し，説明する係の人がいます。その係の人が国連だけあって，さまざまな国の財政によって採用されているのです。案内係の人は訪ねてくる人には国連についてそれなりの説明をする義務があるということですね。今から40年以上も前のことですから日本でも tax payer に対する公的組織の説明責任などという感覚はあまりない頃ですよ。

とにかく本論に入りましょう。国連では，10人以上になると１人の説明者がつきます。私と友人のグループはイタリアの人とかスイスの人とかとの混合グループでした。案内係はそれぞれの部屋を案内し，ここが総会を行うところとか，そして，今どういう問題が議論されているかというようなことをひととおり説明してくれました。そして最後に10人ひとまとまりになったところで，“Any questions?” と言います。私が思ったよりたくさんの説明が案内係よりありました。それは質問する人が多いからです。とにかく印象に残ったのはイタリア人の質問の多さでした。「何でそんなこと聞くの？」と思うところまでイタリアなまりの英語で質問するのです。案内係はこの仕事にやり甲斐を感じているようでした。最後は “Thank you very much for your participation. Have a good day!” でさわやかに終わります。ところで私が注目していたのは，自分のグループのことではありませんでした。日本人だけのグループが私たちのあとに入ってきたのです。日本人はやはり集団で来るんですね。そして10m くらい離れたところで最後の説明に入りました。そのグループの案内係の “Any questions?” に対して日本人グループは「し〜ん」と silent method です。案内係は明らかに少しイライラしているようでした。no questions という反応は I am not interested in your speech. と伝えているような気がするのでしょう。どんなにくだらない質問でも一生懸命答えてくれる人が，「し〜ん」という反応にはむしろいら立っています。日本人グループは英語が苦手ということもあったのかもしれませんが，少なくとも国連を見てみたいということで来たグループのはずです。私はその時，前に読んだ新聞の記事を思いだしましたよ。大きな国際会議のあとでのパーティーで，他の国の外交官は別の国の要人や，さっき議論しあった人びとの間を積極的に歩き廻っていろいろと本音の情報を得ている。ところが日本人のグループは１か所に集まって自分たちだけで話をしている。これは1970年代のずいぶん昔の話ですから，もはや日本の外交官も変わっているかもしれません。しかし高校とか大学の場にくると silent な学生のグループは，やはり日本人ですね。いつの場合でもそうですが，よい質問によって得ることのできる情報は貴重です。こういう私の話がどれだけ生徒に沈んだかわかりませんが，いろいろなところで適切な質問をするグループと silent group とでは得られる情報が全然違うと考えています。

：なるほど，この話は大学生にはわかってもらえるかもしれませんが，中学生レベルには少し重いかもしれませんね。

：そうかもしれません。しかし，中学生にもわかる人間はいますよ。また別の説明も君の体験から考えてくださいよ。それでは具体論に入りましょう。

4 日常的なコミュニケーション Enjoy Communication 方式

質問できることがどれだけ重要かをわかってもらったところで，次に考えなくてはならないのは，質問する内容です。私は，毎時間生徒を2名ずつ指名し，なんでもよいから「教師について」質問するところからスタートしました。生徒が常に教師に興味を持っているということは，長年の教員経験からわかっていました。しかし，指名されても，もちろんその場ですぐに質問はできません。次の授業の時間までに質問を考えさせる時間を置きました。

「教師への質問」(Enjoy Communication 方式)

(1) 毎時間2人の生徒に教師に対しての質問をさせる。
(2) 教師はその質問に**豊かに**答える。
(3) 今度は逆に，生徒が使った質問文を使って教師の方から生徒に質問する。

・このようにすると，生徒に質問文が理解できないということはない。
・教師が質問に対する答え方のモデルを示しているので，生徒はそれをお手本にして答えられる。

このやり方の具体例を示しましょう。

(教室での具体例) Sは生徒の質問，Tは教師の発話

T：Now question time, A君. What is your question this morning.?

S：Do you have any brothers?

T：Yes, I do. I have two brothers. I have no sisters. I want to have a sister. My older brother lives in Yokohama. His name is Tatsuya. He is an engineer. He has two children. They are daughters. My younger brother lives in Fukushima. His name is Atsushi. He is an English teacher. I think he is a good teacher. He is single. Single is *dokushin*. But he has a girlfriend. He met her at a restaurant near his school.

生徒というのは意外に教師に興味を持っているものです。割合一生懸命に聞いてくれます。中には興味津々という顔も見えるでしょう。この教師の答えが終わったところで，今度は教師の方からA君に "Do you have any brothers?" と質問します。生徒はすでに教師に "Do you have any brothers?" と聞いて，英語でやりとりをしていますので，この質問は生徒にも比較的答えやすいと思われます。以下，ある時のやりとりです。

T：Now A-kun, do you have brothers?
S：No.
T：Do you have a sister?
S：Yes.
T：What is her name?
S：Her name is Haruka.
T：Haruka? Wait! Did she graduate from our junior high school?
S：Yes.
T：I think I taught her 3 years ago. Oh, she is your sister!
S：Yes.
T：Did she tell you something about me?
S：My sister said you are a good teacher.

T：Oh, thank you, thank you.

大げさに喜んで見せて，生徒の顔を見たらみんなにこにこしていました。私にも楽しい一瞬でした。

教師がまず豊かに英語で話しかけます。教師の話す英語が生徒にとっての豊かなインプットになります。その土台の上に，生徒は少しずつ英語を話すようになるのです。

このやり方については，教員養成大学で学生たちに伝えていました。その教え子たちはその後，教師になって早速これを実践したようで，教室でのやりとりを２つばかり話してくれました。

（例１）

S：Mr. Yamada, do you love your wife?

（教師は一瞬虚をつかれて黙るも，すぐに次のようにやり返しました。）

T：Yes, I do. But my wife loves another man.

（このあとは爆笑。女子中学生の中には「かわいそう！」などと言うものもいた，とのこと。）

（例２）

S：When is your birthday?

T：April 1 (the first). I want a birthday present. I want a car.

（２，３日後，男子生徒が「車」を持ってきて，授業の前に先生に差出したそうです。）

S：Here is your present.

（その生徒が子供の頃遊んでいたと思われる，おもちゃのミニカー。もちろん教室の中は笑いを含んで大騒ぎ。)

少しまとめてみましょう。

★ここがポイント

「教師への質問」のまとめ

(1)　２人ずつの生徒の質問が教室中ひとまわりする頃には，生徒の中に質問することへの抵抗はかなり低くなっている。

(2)　教師が進んで英語を話そうとすること。教師が英語を話さないクラスからは，英語を話す生徒は生まれない。教師がまず豊かに英語で話しかける。教師の話す英語が生徒にとっての豊かな input になる。その土台の上に生徒は少しずつ英語を話すようになる。

(3)　ここでやり取りされているのは本当のコミュニケーションであること。それは単なる文型の指導ではない。

(4)　「教師への質問」を取り入れることで，温かい交流がクラスの中に流れるようになる。

→これはいつの間にか英語嫌いをなくし，英語好きを作る方法でもある。

以上の結果，生徒たちの話す能力はどんどん伸びていきます。

この方法については，ひとまず Enjoy Communication と呼んでみましょう。

5　Enjoy Communication の土台作り

：実際の生徒とのやりとりを先に示したので，うまく行くように思えたかもしれません。

：え？　うまくいかないのですか？

：なにごともそうですが，ある学習活動を成功させるた

めには，その土台作りをしてやらなければならないのです。君，どんな土台作りが必要だと思いますか？

：そう言われても，急には思いつかないのですが。

：それじゃあ，私の方から述べましょう。まず生徒の方の立場になって考えてみることです。明日，何か先生に質問しなければならない。どんな風に聞いたらいいのだろう？　その時に，もしも手元に質問文の一覧表があったら？　とても助けとなるでしょう。その質問文の中からその時気に入った文型を選んで，次の日に先生に質問する文を考えればいいのですから。きっとうまく行きそうな気がしますよね。

：なるほど，それはそうですね。そこでその質問文のリストを用意したのですね。それはどうやって作ったのですか？

：私がこのいわばEnjoy Communicationを思いついたのは，もうずいぶん前のことです。その頃でも授業の最初にSmall Talkをやっておられた先生方はすでにいらっしゃいました。このやり方も良いのですが，どちらかと言うと先生の話を聞くということに重点がありました。つまり，リスニングの力を伸ばすのに力を発揮するのです。しかし，たいへんなのは毎回生徒に合った楽しい話題を準備し，それを英語に直して教室に持っていかなければならないことです。私も少しやったことがありますが，生徒に楽しんでもらえる話題を毎回準備し，英語に直して教室に持っていくのは結構大変でした。その点，Enjoy Communicationの方は話題の選択は相手の生徒におまかせです。今なら時にはSmall Talkもはさんで Enjoy Communicationをやりますね。それで質問

の文型の話でしたね。

：はい，そうでした。

：教科書本文には，いろいろな文型が出てきます。私は，教科書が進む毎に，その中から質問文をノートに写させました。ノートに「質問文型」というページを作らせて，毎時間，質問文を記入させたのです。その前には私の方で実例を示しました。

次に少し例を示しましょう。質問文型の知識がなくて，どうして生徒は質問できるんですか，という発想です。

質問のできる生徒を育成する Saito メソッド

○質問文を生徒に集めさせる。

(1) どの学年でも結構です。その時点までに学習した質問文を教科書から集めて，ノートにまとめさせる。
→これはベストの方法。生徒に自ら取り組ませ，知的プレッシャーを与える。

(2) 質問文リストは，学年が進むにつれて数も増し，どんどん豊かになる。

(3) ノートのうしろに貼らせておき，いつでも見てよいことにする。

＜質問文リスト表の例＞

1. Do you have a camera?
2. Do you have any sisters?
3. How many pens do you have?
4. What is your name?
5. Are you a teacher?

6. Do you like dogs?
7. Can you play tennis?
8. When do you swim?
9. Where do you study?
10. What time do you get up?
11. Is there a clock in your room?
12. Do you play the piano?
13. What are you doing now?
14. How old are you?
15. Who is older, you or Taro?
16. Who is the oldest in your family?
17. Which do you like better, summer or winter?
18. What subject do you like best?

：なるほど。これらの例文がページが進む毎に生徒のノートに書き込まれていくのですね。今回いただいたEnjoy Communication方式のアイディアは，明日から教室ですぐ実践できると思ってしまいましたが，実際には，このやり方を成功に導くためには，前提として，どういう力を生徒に与えるかということを，慎重に考えてみなければならないんですね。それがあってはじめて生徒は動いてくれるということですね。また１つ学びました。

：しかし，今なら私はこういうやり方をしませんね。

：え？　それでは今までの説明は何だったんですか。

6 教科書・Teacher's Manual を有効に活用する

：教科書が質問文リストの役割を果たしているからです。私は *New Crown English Series*（三省堂）という中学校の教科書編集に携わっていますので，教科書の内容については割合詳しいと思いますので，説明してみましょう。

教科書は，質問文の宝庫です。*New Crown* では，1年から3年までのどの教科書にも，巻頭にその学年で学ぶ質問文が文構造とともにまとめてあります。またその下の［We're Talking］というコーナーには，解説もつけてあります。これを利用しない手はありません。生徒が質問を考えるときに，質問文の文型は大きな助けとなります。しかも，学年が進むにつれて質問文の内容は，少しずつレベルアップしています。これを利用すれば，生徒も学年が進むにつれて，豊かな質問文が準備できるというわけです。今回の教科書の改訂では，学習指導要領の改訂（教える時間が週3時間から4時間になったこと，単語の数が900語から1,200語になったことなど）に順応して，内容も豊かになり，ある意味で参考書的に利用されるような配慮もなされています。再び教科書の有効活用を考えようではありませんか。恐らく他社の教科書でも色々の工夫がなされていると思います。

：ちょっと待ってください。よくわからないのですが，教科書に前もって質問文が用意されているなら，ストレートにその説明に入った方が，話が早くないですか？

：そう考えるのはごく自然でしょうね。しかし，私にも考えがないわけではありません。今では（*New Crown* の）Teachers Manual（TM）は6冊にもなっています。

昔は１冊だけでした。

：えっ，たったの１冊ですか？

：そうですよ。１冊だけだった時は，TM も比較的よく読まれたと思いますよ。しかし私の実感としてはTM の冊数が多くなるにつれて，先生方はそれらを十分に活用するところから遠ざかりつつあると思います。これは実に勿体ないことです。たしかに先生方も忙しいと思います。だから６冊全部，隅から隅まで読むというのも無理かもしれません。けれども，次の学年がはじまる前の春休みにでも，自分が選んだ１レッスン分だけでも TM に目を通してほしいという願いを持っています。それによって，先生方の教え方は間違いなく充実してくるはずです。多くの執筆者の協力を得て，豊かなヒントが準備されているからです。これを利用しないのは全く宝の持ち腐れです。新卒の先生でも，TM を利用することによって，ちょっとした小テストのヒントから英語で説明する時の英文まで，どうするか苦労している時の大きな助けとなります。私は，日本全国の英語の先生がもっと TM を活用するようになってほしいとずっと願っています。そういう願いが心の底にあるので，TM１冊時代のやり方を意図的に出してみたというわけです。便利になったからと言って，教師の授業力が伸びるとは限らないのです。

：なるほど。たしかに私なども TM をめくることはかなり少ないですから。

：それではまず，教科書から質問文についての準備の扱いを見てみようではありませんか。

各レッスンで学ぶこと

各レッスンで扱う内容が一覧できます。見通しを立てたり，学んだことを確認したりして，この表を活用しよう。

Lesson	題材	文構造(POINT)	活動
1 I am Tanaka Kumi	あいさつ	I am ... You are ... / Are you ...? I am not ...	自己紹介をする。
2 My School	人やもの	This is ... / Is that ...? What is this? This is not ... He is ... / She is ...	身近なものについて説明する。
3 I Like *Kendama*	好きなこと	I have ... Do you know ...? I do not play ... What do you have ...?	好きなものや持ちものなどについて説明する。
4 Field Trip	校外学習	two bags How many ...? Use ... / Don't ... / Let's ...	複数のものについて説明する。
5 Our New Friend from India	クラスメート	Who is ...? Where do you ...? When do you ...? him / her	簡単な質問をし合う。
6 My Family in the UK	イギリスの文化	Miki plays ... Does Miki play ...? Miki does not play ... Where / When does Miki ...?	質問をして，わかったことについて報告する。
7 Wheelchair Basketball	いろいろなスポーツ	Koji can play ... Can Koji play ...? Koji cannot play ...	自分や友達のできることについて話す。
8 School Life in the USA	外国の中学校生活	Tom is playing ... Is Tom playing ...? Tom is not playing ...	自分の学校を海外に紹介する英文を書く。
9 Four Seasons in Japan	日本の身近な年中行事	Amy played ... Did Amy play ...? Amy did not play ... Amy went ...	1年間の思い出についてカードに書く。

We're Talking

❶ 自己紹介／あいさつをする	Please call me ...	❻ 学校生活／時刻をたずねる	What time do you ...?
❷ 家庭生活／時刻をたずねる	What time is it?	❼ 電話／依頼する	Can you ...?
❸ 日常生活／場所をたずねる	Where is ...?	❽ 旅行／交通手段をたずねる	How can we go to ...?
❹ 買い物／値段をたずねる	How much is ...?	❾ 食事／好みをたずねる	Which ..., A or B?
❺ 学校生活／持ち主をたずねる	Whose ... is this?		

New Crown English Series 1（三省堂）

各レッスンで学ぶこと

各レッスンで扱う内容が一覧できます。見通しを立てたり，学んだことを確認したりして，この表を活用しよう。

Lesson	題材	文構造(POINT)	活動
1 Aloha!	ハワイの伝統文化	Amy played ...	春休みのできごとについて絵日記を書く。
2 A Calendar of the Earth	地球の歴史	Koji's grandfather was ... / Koji's parents were ... Was Koji's grandfather ...? When my mother came ～, I was watching ...	自分の成長についてエッセイを書く。
3 For Our Future	地球環境の未来	It will be ... I am going to visit ... I think (that) ...	自分や友達の予定について話す。
4 Enjoy Sushi	日本の各地域の食文化	There is ... / There are ... I like playing ...	身近な地域の名所名物を紹介する英文を書く。
5 My Dream	将来の夢	Amy wants to read ... Tom went ～ to play ... something to eat	将来の夢ややりたいことについてスピーチをする。
6 Uluru	旅と地域の文化	I will give Koji a book. Miki looks happy.	海外の情報を得るための手紙を書く。
7 Good Presentations	さまざまな視覚的表現	taller than ... the tallest ... more popular than ... the most popular ... as big as ... run faster than ...	クラスで人気のあるものについて調査し，発表する。
8 India, My Country	多言語の国インド	The car is washed ... Is the car washed ...? The car is washed by ...	行きたい国について調べ，発表する。

We're Talking

❶ 道案内／交通手段をたずねる	How can I get to ...?	❺ 日常生活／許可を求める	May I ...?
❷ 日常生活／理由をたずねる	Why ...? Because ...	❻ 電話／依頼する	Will you ..., please?
❸ 学校生活／場合に分けて説明する	If it's clear, ...	❼ 買い物／苦情を言う	It's too ...
❹ 学校生活／しなければならないことを説明する	We have to ...	❽ 旅行／同意を求める	It's ..., isn't it?

New Crown English Series 2（三省堂）

各レッスンで学ぶこと

各レッスンで扱う内容が一覧できます。見通しを立てたり，学んだことを確認したりして，この表を活用しよう。

Lesson	題材	文構造(POINT)	活動
1 My Favorite Words	ことばの持つ力	The car is washed ...	好きなことばについてのスピーチをする。
2 Finland — Living with Forests	異なる自然 異なる文化	I have lived ... Have you lived ...? How long have you lived ...?	長く続けていることをたずね合い，レポートする。
3 *Rakugo* Goes Overseas	日本の伝統文化の発信	I have visited ... once. Have you ever visited ...? Tom has just finished ... Tom has not finished ... yet.	インタビューをして，その内容を書いてまとめる。
4 The Story of Sadako	広島の原爆	We call the dog Pochi. The book makes me happy. It is ～ for A to ...	世界の人々に向け，大切なことについてのメッセージを書く。
5 Houses and Lives	世界の家と生活文化	a book that is fun for ... a teacher who comes ... the letter that Koji received ... the book which I read ...	日本の文化についてプレゼンテーションする。
6 I Have a Dream	アメリカの公民権運動	the girl playing ... a book written by ... The country I want to visit ...	尊敬する人物についてスピーチをする。
7 We Can Change Our World	創意工夫と社会貢献	Tom wants me to ... I don't know why Amy is ...	会話がとぎれないように話を続ける。
8 English for Me	英語を学ぶことの意義	Koji is learning how to ...	未来の自分へ手紙を書く。

We're Talking

❶ 道案内／道順をたずねる	Could you tell me ... ?	❺ 日常生活／申し出る	Shall I ...?
❷ 日常生活／病状についてたずねる	What's the matter?	❻ 食事／食べ物や飲み物をていねいにすすめる	Would you like ...?
❸ 買い物／ていねいに依頼する	Would you ...?	❼ 電話／ていねいに依頼する	Could you ...?
❹ 日常生活／提案する	Why don't we ...?	❽ 学校生活／約束をする	Promise to ...

New Crown English Series 3（三省堂）

：「文構造」の欄を見てください。そこに出ている文の中で，クエスチョンマーク（？）のついている文が質問文です。生徒はこれを見ながら質問文を考えることができます。また下の方にある［We're Talking］というコーナーには，どういう時にそれぞれの文を使うかという解説もつけてあります。

この教科書の巻頭に掲載されている一覧表と，私がかつてやった教科書から質問文を拾って写させたノートとを比べると，教科書の一覧表の方が使える範囲が広いことがわかります。

さらに［We're Talking］のコーナーを見れば「どういう時に使うのか」という説明が短くついています。こちらの方が，より一層自学向けになっているんです。自律する学習者をつくる道筋がつけられますよね。

一方で，私が教科書から質問文を拾わせてリストをつくることにこだわったのは，どうもこちらの方が生徒への定着度がやや深い気がしたからです。「自ら質問を見つけ→その意味を理解し→それをノートにまとめて写す」というプロセスの方が多少苦労は必要です。パラパラと参考書的に教科書をめくって覚えたつもりでいた文は，いつの間にか忘れている，という構造ですね。いずれも一長一短がありますので，教室で試してみてください。

：なるほど，だいたいわかりました。ただし，今の話は，教科書で準備がしてあるということですよね。先生は，先ほどまで，TMの話をなさっていたと思いますが，教科書にまとめてある文型を利用する話と，どうつながるのですか？

：それは，大いに関係があります。教科書とその解説（TM）とは全然別物ではありませんよね。私から言わせていただければ，先生方は教科書本文の方は詳しく御覧になります。御覧にならないと教えられないからです。しかし編集の方で準備したその他の部分については，あまり御覧になりません。これは言い過ぎかも知れませんけれど，教師としての経験年数が増えるほど，TMを軽視する傾向にあるような気がします。教科書は本体を作成することも大変ですが，関連の指導書を作るのにも相当の労力を注いでいるんですよ。もったいない話です。

：それはわかります。

：わかっているだけでは駄目だと思います。それを少しがんばって実行してみませんか。

：でもすべての資料を読みこなすだけの時間がとれないのです。現場では。

：それもわかります。たしかに教師は忙しすぎますね。これはなんとかしなければならない大きな問題です。私の提案は，今述べたように，比較的時間がある春休みにでも，TMの全部とまではいかなくとも，せめて1レッスン分だけでも目を通してほしい，ということです。そうすると，どういう意図で教科書が書かれているか，全体像がわかります。それによって新しいレッスンに入る時，指導関係のポイントだけでもわかってきます。

：何か役に立つことがあるんですか？

：具体的に話した方が早いですね。今手元にあるTMでも，毎回その執筆は50人以上の執筆者を動員しているはずです。そして，たとえば2006年版の *New Crown* を代表するレッスンである“I have a dream”の解説を開

くと，背景的知識だけでも2段組で8ページ分もぎっしりとあります。ここを読んだだけでも，他の文献を探しまわって読むより，多くの情報，そして「心」が与えられるわけです。

個人的な話になりますが，古い版の *New Crown* のこのレッスンにはローザ・パークスは出ていませんでした。私は「バスボイコットのスタートをつくったのは，名もないお針子のローザ・パークスなのだから，彼女をこのレッスンに登場させるべきだ」と編集委員会で述べたことがあります。その次の版から教科書に彼女が登場しました。彼女は2005年10月24日92歳で生涯を閉じましたが，日本の新聞の片隅にローザ・パークスの死を伝える記事が載ったのを私は今も覚えています。こういうことで，心が動かされるのは，こういう背景的知識を持った教師の心の深さではないでしょうか。教科書の英文を眺めて指導するだけの教師では，生徒に伝わる迫力が違ってはきませんか。英語の教師として，英文の解釈だけをさせるようであってはほしくありません。生きた人間の生きざまに生徒を触れさせてもらいたいのです。

：わかりました。そこまでお考えだったのですね。失礼しました。

：私は教科書編集に携わって長いですが，最初の頃，TM は1冊しかなかったと申し上げました。

：はい。元々，今くらいあったのだとばかり思っていました。

：今は6冊ですが，どうしてこうなったと思いますか？

：見当もつきません。

：私も若い頃は，要請されてよく飛び込みで授業をしま

した。たとえばその頃でも紙芝居くらいのサイズの教科書の内容説明用の絵はありましたね。絵を教室で見せながら，やさしい英語で説明したものです。ある研究会で授業が終わって「先生は英語での説明の時ちらちらと絵の裏側を見ておられましたが，あれはなんのためですか」という質問を受けたことがあります。鋭いですね。私は絵の裏側をひっくり返してみせましたよ。あちらこちらに授業に来る前に書いたペーパーが貼ってありました。「忘れないように，説明用の英文を貼っておいたんです」と言いますと，「先生，その英語を最初から印刷しておいていただけますか」と言われましたよ。教科書会社も競争していますから，そういう要望にはすぐ答えてくれますね。

：なるほど。

：ALT が導入されたらこんどは「ネイティブスピーカー」にいちいち英語で教科書のレッスンを説明するのが大変だから，ALT 用のパンフレットがほしい，という声に答えて “Team Teaching Manual” というのができました。そして音源の CD も含めて今の 6 冊になったのです。正直なところ，忙しい先生方に TM を精読してほしいというのは重荷かも知れません。私の若い頃はときどき名人気質の先生がおられて「英文さえ与えられればどのようにでも料理してみせる」とおっしゃっていました。しかし今の教師でも TM を精読されたら，ショートテストの例から Oral Introduction に使える英文など多くの知恵が集まっていますので，それらを有効に使うことに力を注げば，1 つ 1 つ考え出しているより，はるかに豊かな授業ができる，と私は考えています。本

当は，より豊かな授業のためにもっとTMが利用されてよい，と思っています。その中から新しい考え方の広がりが出てくるのです。

さて，少し遠回りしましたが，そろそろ次の段階に入りましょう。

：次はどういう問題になりますか。

7 Caption Methodのすすめ

：Caption Method? あまり聞いたことがありませんね。

：ここまでEnjoy Communicationの話をしてきました。このやり方では，必ず問題が出てきますね。

：どんな問題ですか？

：生徒と教師の間で英語のやりとりをするわけですが，いわば即興のやりとりでは，生徒の使いたい単語を前もって教師が知っておくことなどできません。生徒は，使いたい単語は日本語では頭の中にありますが，それを英語で何と言うかわからない。そこでコミュニケーションがストップしてしまうのです。これをなんとかしなければEnjoy Communicationもenjoyできません。そこでCaption Methodの登場です。

：Caption Methodというのは初めて聞きました。どんなものか，ちょっと見当がつきませんね。

：終戦後，アメリカ映画が字幕入りではいってきてからのことだと思います。Captionは「映画の字幕」のことです。青森の英語教師が実践した話と聞いています。私もCaption Methodという名前しか知らず，実は，その内容についてもよくわかってはいません。このCaption

Methodという名前だけを頼りにやり方を考えてみたのです。とにかく私に伝わってきたのは，「中学校で英語を教えていたある教師が，なんとか自分の生徒の英語の力を伸ばしたいと考えていた。その教師は，アメリカなどからくる映画をよく観ていた。その映画のスクリーンの下部に日本語の字幕の台詞が出るのを見て『はっ』と思いついた」ということです。

：どういうことを思いついたんでしょうか？

：字幕付きの映画というのは，意味理解は字幕に助けられているわけですが，流れている音声はずっと英語ですね。「英語の力を伸ばすのには教室の中では映画のようにもっと英語が流れていないとだめだ」という考えです。では具体的にいきましょう。

Q．生徒が知らない単語を使いたいとき，あるいは教師が知らない単語を聞かれたとき，どうすればよいか。（日本語→英語）

（例）

教師：What do you want to be?

生徒：I want to be 宇宙飛行士.

「先生，宇宙飛行士って英語で何というんですか？」

教師：（黒板の左側に次のように書く。）

宇宙飛行士→ astronaut

そのあと，クラス全体でastronautを数度教師に合わせてコーラスリーディングです。質問した生徒にはastronautを含んだ文を使わせて，授業をそのまま続けます。その間，日本語は一度も言わなくて済みます。

Q．教師が英語で話していて，うっかり生徒の知らない単語を使ってしまったときにはどうすればよいか。(英語→日本語)

(例)

教師：Last Sunday, my family went to the aquarium.

(あっ，しまった。私の生徒はaquariumの意味を知らない！
そこで教師は黒板の左側に次のように書く。)

aquarium →水族館

そのあとクラス全体でaquariumのコーラスリーディングです。生徒はこれで教師の英語が何のことかよくわかります。

：なるほど。これはちょっとした便利なアイディアですね。使えそうですね。

：どちらも日本語は登場しますが，教室に流れているのは英語だけです。新しい単語，知らなかった単語を生徒の脳に沈めるためには，前に述べたように，それぞれの個人の単語ノートに黒板の左側に書いた英語→日本語日本語→英語の文字を記入させます。

：何か視界が開けたような気がします。

私なども，Oral Introductionなどで生徒にわかっている単語だけで説明しなければならないときに，時折，生徒にまだ教えていない単語がつい出てしまい，そのたびに結構神経を使っていました。

：私にも同じ経験があります。何か方法はないかと工夫すると，何か出てくるものです。生徒の方としても，あることを英語で何というかわからないので，発表するのを止めてしまうことがあるんですよ。その時の救いにな

ります。しかし，ここで止まっていてはいけません。

8 Caption Methodを辞書指導へとつなげる

：え？　まだ何かあるのですか？

：このCaption Methodでは「知らない単語がある」→「先生に聞く」→「わかる」だけじゃないですか。

：それでまずいのですか？　どこがまずいのか知りたいですね。

：「自分で調べる」という段階を入れてほしいのです。

：ああ，そうか。なるほど。

：教師に聞けば良いという学習段階から，早く抜け出して自分で調べるというところまで持っていくのです。

：どうやってですか。

：これは辞書指導にもなってきます。私はかつてはやさしめの英和辞書や和英辞書を教室の中に置きましたね。私の知っている小学校の先生は，すぐれた実践家ですが，教室の中に小学生用の辞書（『キッズクラウン英和辞典』，『キッズクラウン和英辞典』，共に三省堂）を教室の中に置いていましたね。その先生が辞書指導までしたかどうかは聞いていませんが，しないとすればそれは今まで小学校での文字指導が指導要領では視野に入っていなかったからでしょう。しかしこの辞書は大人の私が見ていても楽しいですよ。各ページともほとんど絵で説明しているのです。カラーでイラストが多彩で見ているだけでも楽しいんですよ。英和辞典から2つだけ例を示します。

> **worst**
> [wə́:rst ワ～スト]
> いちばん悪い；いちばん悪く
>
> ア バッド グれイド
> a bad grade
> 悪い成績　28
>
> ア ワース グれイド
> a worse grade
> もっと悪い成績　15
>
> だワ～スト グれイド
> the worst grade
> いちばん悪い成績　Test 0

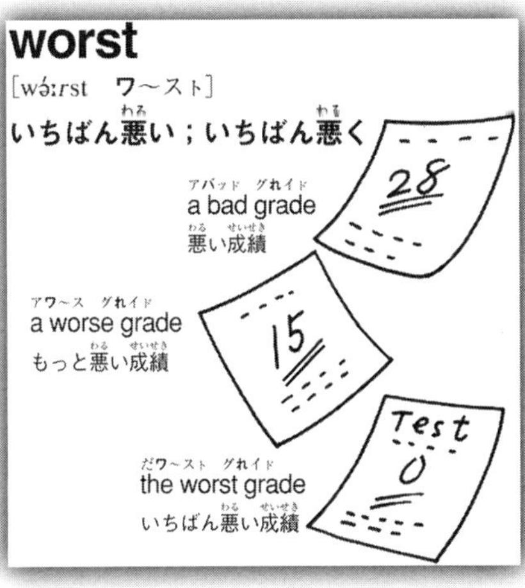

worstのイラストなど生徒の一番身近で感じているテストの点数で示したところは，抜群のアイディアだと思いませんか。

> **laugh**
> [lǽf らふ]
> (声を出して)笑う
>
> ドウント らふ アット ミー
> Don't laugh at me.　laugh
> 笑わないで。
>
> スマイる　ギグる
> smile　giggle
> にっこり笑う　くすくす笑う

laughについては，この小さな4角の中にlaughとsmileとgiggleの違いまで絵で示しています。その上，

発音も単語のみならず英語の文にまでカタカナでついています。この辞書は，私がその小学校の先生に紹介したのですが，こういう英語の環境が欲しいとは思いませんか。文部科学省の小学校英語教育改革案を見ていると，小学校におけるこういう指導が間もなく可能になるように思います。

ところで私は，大学でディスカッションの授業を担当していますが，4月の頃はしょっちゅう「これを英語で何というのですか？」と学生が聞いてくるのです。そこで私は宣言しました。「私が単語の意味を教えるのは高校まで。大学生になったら自分で調べること」と。そしてようやく私への単語の質問は減ってきました。彼らの大部分は電子辞書を持っていますので，しょっちゅうそれを見ています。私はそれで結構だと思っています。

もう1つの問題は，教師でも知らない単語があり，教えられない時が出てくることです。青少年の犯罪を扱うディスカッションの時「先生『そつい』は英語で何というのですか？」という質問が出ました。私は恥ずかしながら「そつい」という単語は日本語でもあんまり聞いたことがありませんでした。したがって，意味も知らなかったのです。あとで『広辞苑』（岩波書店）で調べてみると「訴追」とあり最初に「検察官が刑事事件につき公訴を提供し，これを維持すること」とありました。そこで『ジーニアス和英辞典』（大修館書店）で調べると impeachment や prosecution などという単語が出てきます。正直私はいまだにピンと来ない状態です。

生徒もわからない単語には手を焼くようです。ある中学生が ALT と1対1で話しているビデオを見たことがあります。「昨日の日曜日動物園に行ってきた」という文の「動物園」という単語がその中学生にはどうしても出てこないのです。身振り手振りで動物のいる場所と説明するのですが，女性のALTは知らん顔です。生徒も女子生徒だったのですが，大阪で育った陽気な子らしく日本語でALTの方を見ながら「もう，わかってるくせに！」などというのを見て，私も噴き出しそうになりました。その次の瞬間その子は「あの，animal house!」と言ったのです。これで通じるではありませんか。私はウーンとうなってしまいました。

Caption Methodの良い点は，知らない単語の制限に縛られるところから解放してやることだと思います。ついでにまだ新米だった頃の私の経験も話しましょう。その時は「今日習った新しい単語を次の英語の時間までに10回書いてきなさい」という宿題を出していたんですよ。ある時，放課後に教室で急いでその宿題を仕上げようとしている生徒をたまたま見たのですが，啞然としましたね。例えばbookなどは，bだけ10回続けて書いていくのです。そしてoだけ2回書くのを10回続けます。そして最後にkだけ10回書くのです。次の授業中には，教師が宿題をやってきたかどうかを確認して，ノートにスタンプを押すことになっていましたから，宿題をしてきたことを見せなければなりません。生徒としては覚えるかどうかには関係なく，bを10回，ooを10回とやった方が早いし，結果を見せられた私としては，bookがちゃんと10回書いてある。時々見せられたこういう悪知恵に，こっちはおどろかされるばかりですね。しかし，今考えてみるとこんな役に立たない宿題を出した私の方が責められてしかるべきですね。その後のプロセスを経て「単語は文の中で覚えさせる！」という原則を守ることにしました。このことは前にも説明した通りです。

：なるほどね。気をつけます。ただCaption Methodは教え方として私も身につけたいと思いますが，気になることも出てきました。

：なんでしょう？

：一応，中学校学習指導要領（平成24年度施行版）によれば，たしか語彙は1,200語というのがありましたね。Caption Methodを多用するとその制限を簡単に超えませんか。ちょっと気になります。

：ああ，そういうことですか。私は全然気にしていません。

：先生のことですから何か理由がありそうですね。

：私としては「『宇宙飛行士』という単語は教科書に出ていないから『宇宙飛行士』を使うのは止めときなさい」などと馬鹿なことを言ってその中学生の夢を断ち切る気は全然ありません。

：なるほど先生らしい。

：それだけではありません。もっときちんとした理由もあります。

：それもお聞きしていいですか。

：もちろんです。だいたい私たちの生徒は1,200語教えたら1,200語きっちり覚えるなどという頭の持ち主はいませんよ。私にもできません。事実は次の図の通りです。

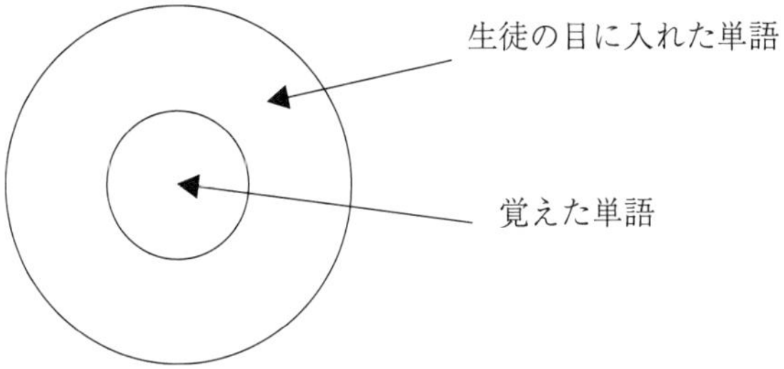

「覚えた単語」の○の大きさは，ひとによって大きくもなるし，小さくもなります。それが人の常でしょう。制限語数にとらわれて授業の可能性を制限するというのは，私としては賛成できませんね。1,200語覚えさせたかったら，2,000語以上の単語に触れさせないとダメですよ。

：よくわかりました。

：こんなことも覚えていますよ。ある生徒に「消防士というのは英語でなんて言うんですか？」と聞かれて私が黒板の左側に「fireman」と書いたら，その訳語を書くときに「先生，火の男って何ですか？」と後ろから聞いてきた別の生徒がいましたよ。もっともこの単語は今は firefighter となったようですが。

：そうですよね。それは私も知っています。

：だいぶ前のことですが，男女同権意識の高揚が背後にあってなおさら男を強調する fireman は止めて firefighter となったようです。しかし，ある1人の男の人を指す時は今でも fireman と言うこともあるようですよ。

：アメリカでは，そこまでことばの使い方に神経を使うんですか？

：ある夏，コロンビア大学で聴講していた時に，いわゆるウーマン・リブの運動家の話を聞く機会がありました。みなさんはキング牧師の黒人の権利回復運動は御存知ですよね。それが女性の権利回復にも影響を与えたのかも知れません。私がアメリカにいた頃ですから，1970年代のはじめの話です。

：意外と最近のことなんですね。アメリカはもともとレディファーストの国で女性（レディ）を尊重する国ではないのですか？

：私がコロンビア大学で話を聞いたウーマン・リブの運動家はこう言っていました。「私たちは何もエレベーターに乗る時，男性が常に女性を先に乗せるようなことをしてくれることを望んでいるのではない。女性が男性と同じ仕事をしている時，同じ賃金を払ってくれる社会の実現を望んでいるのだ。」この言葉は今でもはっきりと覚えています。

：なるほど。

：ついでですが，glass ceiling という言葉を知っていますか？

：「ガラスの天井」ですよね。聞いたことはありますが，具体的にはどういうことですか？

：大企業の幹部，つまり社長とかそういう人たちのことですが，アメリカの社会でも幹部はやはり男性が多いようです。企業社会では，今でも女性がトップに登ることは簡単ではないようですね。そこには「ガラスの天井」があって，なかなか突破できないということですね。

：それは日本でも同じような気がしますね。

：話が少し横にそれたような気もしますが，fireman が

firefighter となった，その裏にはそういうアメリカの社会情況の変化もあるということでした。

：な〜るほど。英単語の形の変化の背景にはそういう社会情況もあるんですね。少し目が開けました。

：しかし，この話には私なりの後日談もあるんですよ。

：それもお聞きしていいですか。

：君もなかなか貪欲だね。短く話します。

：知識欲と言ってください。

：これは失礼。その後，雑誌か何かで読んだ気がするのですが，アメリカのある地方の町で消防士を募集したときのことです。woman-lib で firefighter の時代ですから，募集の条件に男女差はつけられません。しかし，男性の応募は結構あって定員を越えましたが，女性の応募はほとんどありませんでした。男性の応募者には採用試験に落ちる人間も出ましたが，女性の応募はたしか１名か２名で全員合格でした。これは別の意味での男性に対する逆差別ではないかという記事です。

：ああ，そういうことも起こるんですね。

：その上，男性へのインタビューも載っていたように思います。インタビューに応えた男性は「火の燃えさかる火事のまっただ中の人命救助に女性を先にやるわけにはいかん」と述べていました。君はこれをどう考えますか。

：う〜ん，難しいな。

★ここがポイント

教師と生徒のふれあいのあたたかさ

今は電子黒板をはじめ，単語についての学習もパソコンの画面を見つめながらどんどん進められる時代に入った。そういう方向の活用も，先生方にはどんどんやってほしい。

しかし，パソコンを前にしての学習は，教室の中がどちらかというと静かだ。flash card を使って教師と生徒がやりとりするような時に出てくる人間関係は薄いようだ。flash card の方は教え方が上手か下手かにもよるが，生徒と教師の間の熱気，そして全体の習熟度がその場で一瞬にして教師の肌で感じられるようなところがある。これは教師と生徒の一体感というのであろうか。flash card の利用はクラス全体で声を合わせ，協力する活動なので，いっそうそういう一体感が出てくるのかもしれない。教育とはその基本に教師対生徒の人間関係が存在することは否定できない。私などは flash card を作り始めた最初の頃，カードの字が下手くそでよく生徒に笑われたものだ。しかし今になって考えてみるとその笑いはなんとなくあたたかかった。

在学中，人を手こずらせたある生徒は，卒業式のあとのお別れの時など，「先生本当に色々ありがとうございました。」と涙を浮かべながら私の手をぎゅっとにぎって去っていった。そして，そういう生徒ほどたくさんの思い出がよみがえってくる。現代の教師には電子機器の使用を避けた教育は考えられない。しかし同時に人間関係も忘れぬ教師になってほしい。

4 音読指導
——効果の上がる音読指導はこういう順番で行う

1 音読の2つのレベル

最初にはっきりさせておきましょう。私は音読には次の2つのレベルがあると考えています。

■第1のレベル

生徒は初めて新教材に接した。その教材の意味内容はまだはっきりわかっていない段階での音読。

■第2のレベル

意味内容がわかった上での音読。したがって内容理解をした上でのそれなりの深い読み方が期待される。高度になると oral interpretation の読みに入っていく。

こう分類しますと，生徒の実態から言って第1のレベルから始めるのが自然と思われます。しかし全く意味のわからないものをお経のように読ませるのも考えものです。そこで思いだしてほしいのです。本書の第I部の初級編で私たちは何をやってきたのでしょうか。1つ1つの英文をとりあげ，その文の意味理解の質疑応答からスタートしたのです。そしてそこに出てくる新出単語についても flash card 方式として提示する方法を示してきました

(本書第II部第1章)。内容理解についても本書第I部の中級編，上級編と解説してきました。結論から言うと，音読指導でよく言われるように「音読指導は意味理解をした上で行う」というプロセスは齋藤方式でやっていくと十分にクリアしていることになります。私としてはそのように計画しておいたつもりですので，ご理解をお願いしたい。それを確認した上で音読指導の実践論に入りましょう。

2 音読時の生徒指導の方法

音読の生徒の指導はどうするか？

① ネイティブの発音を聞く活動
② 教師の音読を聞く活動
③ Repeat：声に出す活動
④ 四方読み：1人でも声に出して読めるようにする活動
⑤ 交互読み：協力して、読みを深める活動
⑥ 指名読み

① ネイティブの発音を聞く活動

教科書にはたいてい音声のCDなどがついていますので，それで1ページ全体を聞かせます。この段階ではnative speakerの発音に触れさせ慣れさせましょう。実は，ここから最近の入試で重みを増しているリスニング指導の伏線となります。広い意味でこれはTOEIC®や英検等の受験対策の土台にもなります。ここでちょっとした工夫もできます。ネイティブの音読を聞きながら，教科書のその部分に生徒に人差し指をもっていかせ，音読の速度に合わせてその指を滑らせるという作業です。より正確に音を頭

に沈めるための作業です。この「人差し指音読」の指導はあまり見たことはありませんが，文字と音を生徒の頭の中でむすびつけさせるためには，ただ音を聞いて文字を追いかけているよりは有効です。一度試されてみてはいかがでしょうか。

②　教師の音読を聞く活動

①で聞いたネイティブの発音の内容の確認がここでの目的です。そういう目的ですので，教師はポーズを sense group 毎に入れつつ，ややゆっくりめに読んでやります。今わかっていることは，聞き手は sense group のあとの短いポーズの間に，そこまでの意味理解をするということです。十分ポーズを意識した読み方をしてやりましょう。

（※）　ここで要注意：ただ何の説明もなく今示しているプロセスを辿らせないでください。それぞれの段階で「ここはこういうねらいでやる」と説明して音読指導をしてください。高校生くらいになると，今自分のやっていることの意味を知った上でその学習活動に参加するのと，何も知らされないでただ言われた通りにやっているのとでは，効果が違います。１年もたてば「説明されたグループ」と「無説明のグループ」では読み方がずいぶん違ってきます。ここでもう一度繰り返します。→授業実践の成功，不成功は細部に宿る。

ここまででおわかりのように，「Repeat：声に出す活動」にいたるまで２回は聞かせています。「ネイティブの発音を聞く」「教師の音読を聞く」活動です。正しい発音は正しく音を捉えることから始まります。そして１つ１つのプロセスを，知的緊張感をもってさせましょう。最後には指名されて１人１人がみんなの前で読まされる。そしてそれは自分かも知れないという緊張感のなかでこそ，知的努力は保たれます。

もう１つ問いかけます。「うちの生徒は音読ができない，苦手だ」とおっしゃる先生方にもたくさん会ってきました。練習不足で片付けないようにしませんか。「１つ１つのプロセスを生徒がどれだけ知的緊張感をもって参加しているか」を重要視してください。

③ Repeat：声に出す活動

この段階で「聞く活動」から「自ら声を出す活動」に入ります。教師のややゆっくりめの音読のあとに生徒もコーラスリーディングで追いかけます。

ここでも注意事項があります。

［A方式］

（教師） Before Takahashi came to Kenya,
（生徒） Before Takahashi came to Kenya,
（教師） she looked forward to the children's smiles.
（生徒） she looked forward to the children's smiles.

以上は力のつかない，ある意味で良くない指導です。授業を拝見することも多いのですが，多くが上の例です。これでは生徒の力がつきにくい。次のようにしませんか。

［B方式］

（教師） Before Takahashi came to Kenya,
（生徒） Before Takahashi came to Kenya,
（教師） she looked forward to the children's smiles.
（生徒） she looked forward to the children's smiles.
（教師） Before Takahashi came to Kenya, she looked forward to the children's smiles.
（生徒） Before Takahashi came to Kenya, she looked forward to the children's smiles.

［A方式］と［B方式］のどこが違うのかおわかりになりましたね。

［A 方 式］は sense　group だ け で 切 っ て し ま っ て い る。Before Takahashi came to Kenya，で切ってしまっている。この表現だけでコミュニケーションが成立しますか。［B 方式］の Before Takahashi came to Kenya, she looked forward to the children's smiles. ではじめてコミュニケーションに使える文の形を覚える途を歩み始めたことになりませんか。この教材の同じページには sense group で切れば Because of this となるものもあります。Because of this と言っただけでコミュニケーションが成立しますか。この段階で気をつけること→「大文字からピリオドまで」です。それを練習のプロセスに組み込んでおくことです。

Because of this をリピートさせるのは OK。そして they often get infections through cuts of their feet と練習するのも OK です。区切らないと生徒はスムーズについてこられないからです。ただし，ここで止めてはいけません！　以上の練習を土台として Because of this, they often get infections through cuts on their feet. まで続けさせるのです。この完成文をリピートするために生徒の知的緊張感は一挙にあがります。知的緊張感のない授業は良い授業とは言えません。あるクラスで 1 年間，楽な［A 方式］でやってきたとして，別のクラスでは「大文字からピリオドまで」の［B 方式］でやってきたとします。英文の把握力がぐっと違ってきます。

（結論）　知的緊張感のある授業をめざそう。生徒の力を伸ばすために。生徒の可能性を信じよう。

④　四方読み

１人でも声に出して読めるようにする活動です。四方読みについては，御存知の方も多いと思います。全文のコーラスリーディングが③の段階で終わったところで，１人立ちして読める生徒をつくり出すことが目的です。四方読みを説明しますと，まず生徒全員を立たせます。そして１人１人が自分のペースに応じて黒板の方に向かったまま声を出して１ページ分読みます。これで１回の音読が終了です。次にからだを廊下側に向けて１人１人の音読です。これが２回目です。続いて３回目，全員が教室の後ろを向いて読みます。最後に全員が教室の窓側を向いての音読です。四方にからだの向きを変えながら読むので「四方読み」というのでしょう。全員が必ず４回の音読をします。

○立たせることの意味：自分が指名されて読んでいるのに似た緊張感が出ます。座って読んでいる時によく見られるように，教科書におおいかぶさるようにして，小さな声でブツブツと読むことを防げます。姿勢が立ったままになると，喉の発声器官もまっすぐになり，声もはっきりしてきます。まわりがそれなりの音量で読み出すと，１人１人もそうなってきます。

○しかも１回読むと皆の姿勢の方向が次々と変わっていきます。自分も遅れてはならないという無言のプレッシャーがかかります。先日拝見した授業では，通常通り座らせたままの群読でしたが，口だけ動かす真似して声に出していない生徒を見かけました。口パクです。silent method とでも言うのでしょうか。四方読みでは silent method ができない雰囲気につつまれます。

○これも授業を拝見していた時ですが，ある教師は，教室の前に立って満足そうににこにこしながら生徒を見回していました。私は大学でも四方読みをさせますが，学生の中に入り込んでいきます。それだけでも学生の中には緊張感が走ります。私は時々１人１人の学生のそばで立ち止まり「ちょっと今のところもう一度読んで」とか「その発音はこうしてみたら」とかその場その場に応じてアドバイスをします。１つだけ例を挙げますと，comfortableの発音をだいたいの学生は「コムフォータブル」と発音します。それに気がついたら全員の読み方に一瞬だけストップをかけ，「(ォー）を発音せずにやってみて」と言います。つまりもとの発音に近い「カンフタブル」[kʌ́mftəbl]となります。教師の方で気がつくたびにこういうcut inをします。これで教師の方としては，学生の間を回っている間に，教壇の授業でも発音が正確なのは誰かとか，この学生はまだまだだとかがわかるのです。この情報はすぐ役に立ちます。

⑤ 交互読み：協力して読みを深める活動

これは私が言い出したことかも知れません。実はIntake Readingというやり方のために考え出したのですが（齋藤榮二『生徒の間違いを減らす英語指導法―インテイク・リーディングのすすめ』三省堂)，ここでも役に立ちそうです。ただIntake Readingでやるペアリーディングはここでのペアリーディングと違ってかなり生徒に知的プレッシャーがかかります。

では，交互読みの方法です。まず，生徒を立たせます。２人をペアにして片方の生徒（A）は聞き役，もう片方の生徒（B）は音読役です。生徒Bが読むのを生徒Aはしっかり聞かなくてはなりません。どこかで生徒Bが読むのにつまったら，生徒Aが助けることになっているからです。そして生徒Bの音読が終わったら役割交代です。最初の役割分担はじゃんけんでさせていました。この活動が終わったあと指名読みがきますのでけっこうみんな真剣です。そして大事なことですが，次の機会にはペアを１人ずつずらして交代という手もあります。そうやってみんなでペアがかわっていくと数ヶ月もするとクラスの中に音読をしっかりやろうという雰囲気が出てきます。いわば音読の家庭教師の交代のようなもので，その前提としてここまで来るプロセスで自然に自分も正確な読み方をマスターしておこうという動機づけにもなります。

この交代読みで強調しておきたいことは次の点です。従来のやり方である全体の音読指導では，１人１人の生徒の音読が「正しいか正しくないか」をチェックするのはほぼ不可能です。しかし，１人１人の音読がチェックできれば，１人１人の音読の正確さはかなりレベルアップするのではないでしょうか。「それではそれをやろうではないか」ということから考えてみたのです。教師が例えば40人のクラスで40人を相手に１人１人の読み方のチェックをすることが不可能であるとすれば，それを生徒におたがいにさせようということです。この活動では，仮に40人のクラスであれば，20人の生徒が音読する役になり，残りの20人の生徒がチェック役となります。１人１人の生徒が，自分の音読を自分専用のチェック役にチェックされることになります。利点を少しまとめてみましょう。

⑴　私は常に「学習は個人において成立する」と言っている。個人個人の学習が成立して初めて真の全体の力となる。そのための音読方法が交互読みのねらいである。

⑵　チェック役の生徒がチェック役を確実に果たすためには，そのページの音読を自分が正しくできなければならない。その土台があってはじめて相手の音読のチェックができる。「交互読みをする」ことが前もってわかっていれば，その時に備えてそういう役割をきちっと果たせるために，きちんとした音読練習をしておかなければならないのは自明の理であ

る。結論としては，チェックする方もされる方もそこまでの①から④までの音読練習に力を入れなければならないということがわかるように，前もって指導しておきたい。

⑥　指名読み

これは今までの努力の総決算です。教師としては「今までの努力の結果を見せろ！」と言えばよいでしょう。しかし，時間はあんまりかかりません。先ほどの四方読みのところで，教師には生徒の音読のレベルが自然にわかるといいましたね。そこで１人目は「しっかり読める生徒」のグループから１人指名して読んでもらいます。私としては生徒自らによるモデルリーディングという位置づけですね。２人目の指名は「中くらいの生徒」がどのくらい読めるようになったのかチェックします。３人目の「努力の必要な生徒」に読ませて「進歩があるな」と思ったらこれで指名読みは終了です。指名するのは３人です。長々と時間をとらずに，予定している次の学習に進みます。

3　簡単なまとめ

①　ネイティブの発音を聞く
→ネイティブの音声に触れさせる。指追い読み（音の動きにあわせてテキストの該当する文字の上に置いた指を動かしていく）をここでさせても良い。
②　教師の音読を聞く
→①のネイティブのスピードのある音読から教師のゆったりめの音読を聞き，自信を持たせる。
③　Repeat
→生徒がはじめて声に出す。教師のあとについてのリピート。

④　四方読み
→自分の音読を確かなものにするために4回身体の方向を変えて立って読む。
⑤　交互読み
→ペアで読む人とチェックする人で役割分担し，協力して読む力を育てる。
⑥　指名読み
→1人1人の読む力の最終チェック

：まとめが終わったのにすみません。先生，私は今まで生徒の音読のためにこれだけのステップを意識的に授業でやったことはありませんでした。このステップを経験させれば確かに成果は挙がるという気がします。しかしお聞きしながら心配もあります。

：なんでしょう。

：時間です。これだけをこなすだけの時間が授業の中でとれるかどうかという心配です。

：ああ，そういうことですか。よくわかります。1つやり方を決めたらそのやり方を続行することの意味を考えましょう。

最初は1つ1つのプロセスで，何を目的としているかを説明しながら，それぞれのステップを経験させるわけですから，時間がかかります。しかし生徒は，いったん一通りのステップを終えたら，次のステップで何をやるのか，ほぼ自動的に理解してくれますので，このリーディングに使われる時間は少しずつ短くなってきます。

同じ50分の授業でも，中身から考えると30分かよくても40分くらいにしか使っていない先生もいます。パーマー賞受賞者の伊藤雄二先生の授業など拝見すると，教師と生徒の呼吸がみごとに合っていて，その同じ50分でも80分くらいの内容をやっているのではないかと思うこともあります。こういう授業は授業の移り方がスムーズで，次に何をするのかわからない生徒はいないのです。こうなると，かかる時間はどんどん短くなってきます。

一度決めたやり方は，途中でマイナーチェンジを加えながらもある期間，あるやり方を変えないということが大事です。

：「ある期間」というとどの位の期間をお考えですか？

：それはクラスのレベルがさまざまですので，それぞれのクラスの実態で決めなければなりません。一概には言えませんが，抽象的には，「生徒と教師の呼吸が合うようになるまで」ということになるかと思います。生徒も教師も「次に何をするか」ということが説明なしにわかっていて，スムーズに次の学習に移れる状態になるまで，ということです。

：なるほど。何にでもどこかに決まった正解があるというわけではありませんよね。つまり教師はオーケストラの指揮者ですね。

：うまいこと言いますね。ところでもう１つ言っておきたいことがあります。それは，英文を日本語に訳す授業についてです。これは結構時間がかかります。

もう昔の話ですが，私は高校で教えていた頃「今年こそは和訳をなくして英語でやるぞ」と思って４月の初めにあるクラスに臨んだことがあります。初めて担当したクラスでしたが，「シーン」として何の反応もないのです。生徒の実態を掴んでいなかったんですね。その授業の終わり頃に，ある生徒が「先生訳は？」と言ったんですね。私は少し躊躇しましたが，「この連中とこれから１年間つきあっていかなければならないんだから最初の頃だけ和訳を示すのも良いか」とサービス精神もあって，その日やったページの訳を口頭で伝えました。そうしたら，その時を待っていたかのように，教室の皆が鉛筆を一斉に走らせ始めたのです。これだけ見てもこのクラスはずっと和訳の授業を受けていたのだとわかりました。和訳を続けていると，別の生徒が「先生はさっきは『いつも』と言いましたが，こんどは『常に』と言いました。どっちが正しいのですか？」と聞いてきました。always を私が２通りに訳してしまったようなのですが，自分でも実は気がついていませんでした。つまり，英文の和訳を始めてしまうと，このような疑問が出てきて，「いつも」と「常に」の違いを説明することに延々と時間を取られてしまうのです。そして，たとえきちんと日本語に訳せたとしても，英語の力は伸びません。そのような和訳の時間を英語の時間に切りかえて新しい授業を作っていくのです。あの和訳に使ってきた延々と続く説明の時間を考えれば，英語の流れている授業に踏み込んで生徒に慣れさせて，以上述べてきたことをする時間は十分ある，というのが私の経験です。

：なるほど，また新しい視点を得られました。私も踏み込んでみます。

4 この本のまとめ

考えてみたら私は，50年もの歳月を英語教育の現場で過ごしてきました。その時その時に先輩から助けられつつ何とか歩いてきました。それらの先輩は今になって考えれば私たちの世代に英語教育という松明（たいまつ）を託していったのです。(誰かが「東京オリンピックが近いのだから聖火と言え」と，そばで言っています(笑)。) その先輩の思いを次の世代に引き継ぐ時が来ていることを感じています。私たちのささやかな志を引き継ぎ，さらに燃え上がる炎にしてほしいと思います。そして「自分の教師生活は無駄ではなかった。生き甲斐があった」という人生にして欲しいのです。誰でも最初から大きなことはできません。毎日毎日の小さな工夫と積み上げに力を尽くすことです。

★ここがポイント

私たちは責任を果たせるか

「知識が力そのものになる。南北問題の解決が最大の課題と考えるが，腕ずくの軍事や経済だけでは，答えを導き出せない。『知』がなければ，国際社会が成り立たない時代が到来しつつある。特に資源のない日本は『知』をもって国際競争力を得て，世界に貢献する以外に道はない。」

これは2001年にノーベル化学賞を受賞した野依良治氏の発言である(2005年1月1日読売新聞)。私たちの年代は次のようなことを聞かされて育ってきた。

「日本には石油などの自然資源がない。あるのは人間である。つまり人材だ。この人材を育てることによって，技術を発展させ，世界に貢献していくのが日本に課せられた道である。」

戦後はこのフィロソフィーは確かに生きていた。町工場の中から生まれたホンダやソニーは，世界の企業へと発展していった。ところがその人材育成が怪しくなってきている。人材育成を支える学力がついていない。2004年の暮れ12月８日，各新聞は一斉に学力の国際比較について報道した。経済協力開発機構（ODA）の国際学習到達度調査（PISA）の結果の発表である。数学，科学，読解力の各分野にわたって日本の低落状況が目立った。未来に向けて次の世代を力ある国際人として育てておくということをしなければならない。そういう広い視野から英語教育のあり方を考えることが全ての英語教員に求められている。「国際理解」ということは，英語教育の分野ではよく議論される。ならば私たち英語教員こそが広い視野と物事に対する本質的な理解を持つことが必要ではないか。

こういう状況のなかで今私たちが直面している課題はなんであろうか。次の３つである。

1．英語の基礎学力を育成する。
2．英語を使う技能を育成する。
3．広い視野を育成する。

私は英語教育の流れをおよそ50年以上にわたって見てきた。川が流れるのと同じように英語教育も一刻も休むことなく今日に至るまで流れ続けてきた。時にはゆったりと，時には急激に。今は激流がある。そして時代は英語教育に対する期待をますます強めている。今や教育の世界全体にわたるキーワードは「自由化」の方向である。そういう状況のなかで私たちの力が問われている。それが次の世代の育成につながっていく未来への責任を伴った仕事である。英語教育の場を通して力を合わせようとみなさんに呼びかけたい。

引用・参考文献

齋藤栄二. 1999.「あなたは一生文型指導屋で終わるつもりなのですか」『現代英語教育』第35巻12号（1999年3月号）.

下　薫・三省堂編修所(編). 2003.『キッズクラウン英和辞典』. 東京：三省堂

高梨庸雄ほか. 1999. *Orbit English Series II*. 東京：三省堂.

高梨庸雄ほか. 2003. *Orbit English Reading*. 東京：三省堂.

高橋貞雄ほか. 2012. *New Crown English Series 1*. 東京：三省堂.

高橋貞雄ほか. 2012. *New Crown English Series 2*. 東京：三省堂.

高橋貞雄ほか. 2012. *New Crown English Series 3*. 東京：三省堂.

森住護ほか. 2013. *MY WAY English Communication I*. 東京：三省堂.

山本玲子. 2013.『子どもの心とからだを動かす英語の授業』. 神奈川：青山社.

山家保先生記念論集刊行委員会. 2005.『あえて問う英語教育の原点とは：オーラル・アプローチと山家保』. 東京：開拓社.

[著者紹介]
齋藤栄二（さいとう えいじ）京都外国語大学客員研究員
福島県生まれ。1972年，ハワイ大学大学院修士課程修了(英語教授法専攻)。小学校，中学校，高等学校教諭，福島県教育センター，桜の聖母短期大学教授，京都教育大学教授，関西大学外国語教育学研究機構大学院研究科長，同外国語教育連環センター長を経て，京都外国語大学特任教授，関西大学英語教育連環センター特別顧問，京都教育大学名誉教授。文部科学省指定「英語指導力開発ワークショップ授業」講師（2005，2006)。文部科学省指定「資質の高い教員養成を目指す高度実践的な取り組み支援（教員養成GO)」講師（2005，2006)。
主な著書：*New Crown English Series 1, 2, 3*（共著，三省堂)，『これだけは知っておきたい：英語授業レベルアップの基礎』(大修館書店，1996年)，『これだけは知っておきたい：英語授業成功への実践』(大修館書店，1998年)『生徒の間違いを減らす英語指導法：インテイク・リーディングのすすめ』(三省堂，2011年)，ほか

〈英語教育21世紀叢書〉
「英語で授業」ここがポイント

NDC 375 / x, 183p / 19cm

初版第1刷——2015年6月20日

編著者——齋藤栄二
発行者——鈴木一行
発行所——株式会社大修館書店
〒113-8541 東京都文京区湯島2-1-1
電話03-3868-2651（販売部） 03-3868-2293（編集部）
振替00190-7-40504
[出版情報] http://www.taishukan.co.jp

装丁者——中村愼太郎
本文イラスト——㈲E・R・C
印刷所——文唱堂印刷
製本所——難波製本

ISBN978-4-469-24593-6 Printed in Japan